品牌金院，品质学生

——学生“千日成长工程”品牌项目汇编

主　编　方　华
副主编　张鹏超　谢　峰　吴德银

浙江工商大学出版社
ZHEJIANG GONGSHANG UNIVERSITY PRESS

图书在版编目(CIP)数据

品牌金院，品质学生：学生“千日成长工程”品牌项目汇编 / 方华主编. 一杭州：浙江工商大学出版社，2015.11

ISBN 978-7-5178-1341-5

Ⅰ. ①品… Ⅱ. ①方… Ⅲ. ①高等职业教育一学生工作一浙江省一文集 Ⅳ. ①G718.5—53

中国版本图书馆 CIP 数据核字(2015)第 247255 号

品牌金院，品质学生

——学生“千日成长工程”品牌项目汇编

主　编　方　华

副主编　张鹏超　谢　峰　吴德银

责任编辑　刘　韵

责任校对　丁兴泉

责任印制　包建辉

出版发行　浙江工商大学出版社

(杭州市教工路 198 号　邮政编码 310012)

(E-mail:zjgsupress@163.com)

(网址:http://www.zjgsupress.com)

电话:0571-88904980,88831806(传真)

排　　版　杭州朝曦图文设计有限公司

印　　刷　虎彩印艺股份有限公司

开　　本　710mm×1000mm　1/16

印　　张　9.75

字　　数　186 千

版 印 次　2015 年 11 月第 1 版　2015 年 11 月第 1 次印刷

书　　号　ISBN 978-7-5178-1341-5

定　　价　28.00 元

浙江工商大学出版社营销部邮购电话　0571-88904970

前言
PERFACE

育人品牌
——“千日成长”的坚实载体

子曰：吾日三省吾身；笛卡儿说：我思故我在；我们的学生说：我就是我。前面三种表述之中都含有两个我，却我又不是“我”，这恰恰说明了一个事实，那就是“我”可以成为我的对象，也可以成为未来的我、理想的我。在教育之中，我们也经常可以看到自己与自己——自己激励自己，自己放低自己，自己悦纳自己，自己排斥自己。

在自己与自己之间可能还会站着“他人”——在教育活动中，这个“他人”往往是教师；在自己与自己之间可能还会存在着“媒介”——在教育活动中，这个“媒介”往往是各种育人载体。这些“他人”和“媒介”可以成为连接“我”与“我”的温暖脐带，也可以成为割裂“我”与“我”的冰冷刀刃；可以输送养料和情感，也可以带来不期待的伤痛。教育的“良心”就是让教师、教育载体成为“自己”与“自己”之间的那种“催化剂”，使我能成为不同的“我”，更完善的“我”、更理想的“我”——这是个体寻求的意义，也是教育寻求的意义。而对意义的寻求也正是人之为人的特性。这种意义是否以及如何被有意识、有系统地探究、建构、考量，是一种教育不同于另一种教育（比如素质教育与应试教育）的核心特点，也是判断老师、育人载体是否优秀的重要标准。

因此，为了更有效地在二级系（院）的层面上建立育人载体与工作目标、内容、成效等环节之间的内在联系，丰富育人工作内涵，使学生更多地参与校园文化活动、充实大学体验、探究生命生活意义，进而打造覆盖全校学生的素质教育体系，提高人才培养质量，自2013年开始，浙江金融职业学院连续三年面向各系（院）学生工作一线队伍，开展了“一系（院）一品”的院级育人品牌建设。经过近三年的酝酿、成熟、积淀，这些品牌渐渐开始散发出自身的吸引力，产生积极的育人功效，成为相关系（院）与教学品牌建设互相融合、互为促进，从而共同支撑人才培养的重要载体。

各育人工作品牌或是从专业（群）特点出发，注重学生职业核心能力训练，比如：经营管理系"四个一"创新创业实践育人工作品牌项目和教育部高校辅导员工作精品项目——会计系"金手指"工程；或是从学生存在实际问题出发，注重强化学生综合素质养成，比如：投资与保险系"以社团育人为载体"的"天生我才"实践育人项目、会计系"基于职业发展教育的高职学生生涯规划工作'金钥匙'工程"实践项目、信息技术系"以学生社团为核心"的高职信息技术类专业育人实践研究项目和人文艺术系"以国学诵读为主要载体推进多样化国学经典教育"品牌育人项目；又或是从学生管理实际出发，注重强化撬动学生工作机制的杠杆，比如：金融系"学生朋辈互助"育人特色品牌项目、国际商务系"基于学的教"育人机制建设研究与探索和银领学院顶岗实习期间学生思想政治教育工作体系的构建及实施研究。而不管基于何种视角或切入点，这些育人品牌无论从内涵还是外延，都呈现出了以下三大特点：

一、从单向度的技能训练到多维度的精神涵养

高职教育是以就业为导向的教育，从这个角度来讲，高职学生的培养首先需要面向生产生活的实际，解决技术技能的训练问题，让学生学会生存；但作为一种高等教育类型，更需要坚持的是"立德树人"的问题，涵养人的精神，让学生感悟生命，学会生活。近年来，高职教育领域经常探讨的问题往往聚焦在：高职教育是不是太工具性了？是不是缺乏价值倡导了？是不是专业或技能教学和思想引领工作之间脱节了？

这些问题其实反映的是一个困境：那就是专业或技能教学本身是不是缺乏引领学生前进的精神力量？还是在具体的实践中专业或技能教学与精神涵养之间的内在联系被"割裂"了？举个例子，体育课上学生需要练习跑步等项目，这就需要学习怎么呼吸、步伐、摆臂等具体的跑步技巧，但要更好地跑步是不是还需要懂得坚持到底、公平竞争甚至团队合作等精神内核？这个例子换到金融行业常见的技能教学亦然，比如点钞，一方面固然会涉及单指单张、多指多张等常用点钞技巧，另一方面其实也需要持之以恒的个人精神品质，对客户、对工作认真负责的职业精神品质，这两个方面其实是相融合的、不可分割的。

育人工作品牌的建设正是致力于促进这种融合的典型体现。比如，人文艺术系"以国学诵读为主要载体推进多样化国学经典教育"品牌育人项目，整体构建了以"一证、一书、一评、一协会"为主要内容的特色化、系列化的国学经典教育体系，

以国学砥砺自主学习和自主锻炼之精神，以国学积淀专业教育与学生社团之文化，以国学润泽文明礼仪与职业情操之土壤，使得国学知识的传承与职业精神的养成之间形成了有效连接；又比如会计系"金手指"工程，其内容看似"简单"——重点在于促进学生中文输入、点钞、电脑传票等技能项目的水平，但其实背后"隐藏"得更多的是辅导员引导、班团组织配合、新老生协同、系部文化积淀等等更为丰富的教育内涵，那是比起单纯的技能训练更为"肥沃"的精神"养料"。

二、从集中式的话语权到开放式的话语权

当前，"以生为本""以学生为主体"等理念已经成为基本教育理念，这大概没什么可辩驳的。但在具体的教育实践中，我们仍然可以发现，话语权作为一种潜在的现实权力似乎仍然掌握在教师手里。许多教师认为话语不过是思维符号，是交际工具而已，而在实际教学过程或课外活动中，教师通常也是从头说到尾，并以自己的判断来取舍学生的需求——这其实是从另一个侧面说明，要真正做到"以学生为主体"其实不仅是一种思想层面的教育理念的转变，也是一种现实层面的教育权力的嬗变。

"以学生为主体"其实一方面要注意到学生既是"出发点"，也是"归宿"；另一方面也要注意到学生其实也是教育活动中的"经验建构者"，是生命生活意义的"探寻者""体验者"，与教师一起享有教育过程中的话语权。

基于上述出发点，金融系"学生朋辈互助"育人特色品牌项目把学生放到了"小老师"的位置上，或可称之为另一种"导生制"的尝试，探索了高职院校在引领思想、互助学习、共同生活等领域的新路径，为学生群体同辈文化的"发育"播下了"种子"。国际商务系"基于学的教"育人机制建设研究与探索，则将视角聚焦于学生切实的学习、生活甚至发展的需求，在融合行业分析的基础上，通过确立面向毕业生与在校生的常规化学情调研机制，梳理出了国际商务类专业学生的职业核心能力与素质，并依此构建了第一、第二、第三课堂的有效衔接的系部育人机制，在让学生拥有充分的"发言权"的同时，支撑了学生的成长成才；投资与保险系"以社团育人为载体"的"天生我才"实践育人项目和信息技术系"以学生社团为核心"的高职信息技术类专业育人实践研究项目都将发展的重要权力交给了大学典型的学生组织——学生社团，通过围绕专业（群）核心能力设立社团，并通过社团等平台给予了学生自我管理、自我发展、自我展示的机会，而老师则化身为社团的观察者、引导者，使学生真正成为自身"千日成长"的主人。

三、从碎片化的设计到整体化的管理

长久以来，大学的教学管理与学生管理并没有形成有效的衔接。我们知道，一

项技能的练成不仅是课堂教学的成果，也是课后训练的成果，几乎没有学生能仅通过 1 周 1 个课时的教学，就能在半年后达到 1 分钟 80 个字以上的输入速度；也没有人能仅通过“商业银行服务礼仪”的课程学习，就完成待人接物从青涩向成熟的转变。一个合格的银行柜员需要会点钞、反假、传票等技能，也需要人情练达、文明礼貌，还需要有效沟通、团队协作，这些都可以通过课程教学予以支撑，但我们也知道，通过课程教学还远远不够。技能与素质可以分类，但对于个体而言，它是内化于心、外化于行的，是长久训练和积淀下的自觉行为，是个体的整体素质的一个侧面——个体的素质是浑然天成的，而不是简单的“碎片”的“拼合”。所以，最好的教育其实是“生活”，也只有在设计课程体系的同时，整体架构涵盖从教室、校园、宿舍甚至到实训基地的整个育人体系，才能更好培养一个“完整的职业人”，这或许也就是“生活即教育”的一种实现途径。

会计系“基于职业发展教育的高职学生生涯规划工作‘金钥匙’工程”通过整体设计学生不同发展阶段的教育内容，促进了学生更早认识自我特质、更有针对性地开展专业学习、更具前瞻性地进行职业规划，有效促进了专业教育、素质教育与生涯教育的融合，有效提升了学生的就业竞争力和职业可持续发展能力；经营管理系“四个一”创新创业实践育人工作品牌项目，通过以“一个校友创业论坛、一门创新创业指导课程、一支创新创业指导团队、一个人才实验班”为主要内容的育人模式，以富有专业群特点的创新创业能力培养为切入点，带动了全系学生的素质教育；银领学院顶岗实习期间，学生思想政治教育工作体系的构建及实施研究则专注于学生顶岗实习期间思想政治教育这一薄弱环节，通过实习管理系统的建设，进一步促进了线下教育与在线教育相融合、企业兼职导师与学校专任教师相结合，拓展了顶岗实习期间思想政治教育的时间与空间，挖掘了职业环境的育人价值，使人生转型期的学生更好地在面对人生价值、职业价值和社会价值冲突的同时，实现从“大学生”向“职业人”的平稳过渡。

育人品牌的建设展示了浙江金融职业学院学生、老师和育人载体所拥有的不同却又令人艳羡的闪光点，宛若散落一地的珍珠，那么又如何将这散落一地的珍珠串联起来，使之成为一条美丽的项链呢？串联起一粒粒珍珠的纽带是不是可以称之为育人体系呢？这在浙江金融职业学院，或许便是一个更有意蕴的名字——“千日成长工程”。“千日成长工程”其实是把高职学生从入学到毕业的 1000 天进行全程规划和指导的立体化育人体系，努力把学生培养成为“懂做人、精专业、能做事”的优秀职业人。从另一种角度来看，或许它在本质上更接近于一种学生、老师和育人载体之间的内在联系。而育人品牌建设把这种内在联系变成了在系(院)层面的实际载体。也正是因为这些载体的不断创新与夯实，使得“千日成长工程”真正成为丰富学生、发展学生的“催化剂”与“舞台”，让学生成为意义的追寻者，也成为意义的生成者。从而使这种内在联系可更多地存在于课堂与社区之间、课程与社团之间、学校与社会之间、教师与学生之间，甚至行政楼与教学楼之间。它或是抽象成理论与实践、主体与客体、时间与空间，甚至有与无；又或是具象成一次对话、一次展演、一次拥抱甚至于一次挫折。

生活与生命的意义是需要自主发现的，谁也无法从外部给予。这个发现的过程，让我们知道自身的“有限性”“未完成性”与“可能性”，也可能成为教育的“有限性”“未完成性”与“可能性”。教育要着眼于学生的“有限性”“未完成性”，并面向学生的“可能性”。而育人品牌的建设，或许正是推动那些“可能性”变成“可能”的坚实支撑与不竭力量。

目 录
CONTENTS

金融系"学生朋辈互助"育人特色品牌项目研究

一、朋辈互助育人的理论依据及相关研究

(一)相关概念界定

1. 朋辈

"朋辈"(Peer)含有"朋友"和"同辈"的意思,通常是指同年龄者、年龄相当者("同辈")或有过交往的并且值得信赖的人("朋友")。他们通常属于同一个社会群体,有着相似的生活境遇,享有共同的价值观念、经验,具有年龄相近、性别相同、所关注的问题相同等特点。①

2. 朋辈教育

朋辈教育(Peer Education)的概念起源于心理健康教育的实践。20世纪六七十年代,美国威兰德(Vriend)的研究报告成为朋辈心理咨询领域的首篇论文。1981年,马歇尔夫(Marchev)把朋辈心理咨询(Peer Counseling)定义为"非专业心理工作者经过选拔、培训和监督向寻求帮助的年龄相当的受助者,提供具有心理咨询功能的人际帮助的过程"②。朋辈教育的主要作用是促进助人者的个人发展、为朋辈提供支持和照顾、对学校的心理氛围产生积极的影响以及在专业心理辅导人员和有心理问题的学生之间起桥梁作用。通常,朋辈教育这个概念也等同于朋辈咨询、朋辈辅导等概念。

---

① 谢燕兰:《高校朋辈辅导员在新生适应性教育中的实践与探索》,《教育与职业》2011年第4期,第70页。

② [美]莫里斯罗森堡:《社会学观点的社会心理学手册》,天津大学出版社1992年版。

3. 朋辈互助育人品牌的内涵

按照行为学的研究，如果信息的传递者和接收者经历相似并关心的事情相同，面临共同的问题，接收者就更容易接受信息，从而导致相关态度、信念和行为的改变。[①]

金融系以朋辈互助成长育人特色项目为抓手，开展有效的育人工作，以打造金融系学生的职业发展能力和提升学生的职业素养为重点，推行“以身边人示范身边人，以同龄人影响同龄人”的管理理念，以“朋辈互助，共同成长”为发展目标，逐步实施大学生朋辈互助成长工程，充分调动大学生的积极性和主动性，引导他们自我教育、自我管理、自我服务。实践证明，这一探索贴近生活、贴近实际、贴近师生，教育效果好。金融系将在已有的基础上，进一步拓展服务项目，形成成熟的工作体系、扩大教育效果，打造独具特色的学生思想政治教育品牌工程。

(二)朋辈教育的研究现状

1. 朋辈心理辅导

朋辈的辅导最初起源于 20 世纪 60 年代的美国高校，当时美国各高校面临着专业心理辅导无法满足日益增长的心理咨询需求的矛盾，于是有研究者尝试从高年级选拔一些品学兼优、积极进取、酷爱学习、性格开朗、乐于助人、热爱生活、心理健康保持在一个较高水平的在校学生接受心理咨询方面的专业培训，以期待他们给周围年龄相当的需要帮助的同伴和朋友以开导、安慰和支持，提供一种具有心理咨询功能的帮助。威兰德(vriend,1969)发表了她利用受训的高成就学生在咨询团体中帮助低成就学生的研究报告，成为朋辈心理辅导领域的首篇论文。之后，美国、加拿大许多高校、中学都开展了朋辈心理辅导的研究和实践(祝秀香，2006)。加拿大渥太华大学的朋辈帮助中心认为：“对于某些当事人以及他们所关心问题的某些方面而言，由受过训练、掌握了积极倾听技巧的同伴志愿者所提供的帮助是最为有效的。”(陈国海，2001)朋辈辅导是一种特殊的心理咨询形式，与专业心理咨询相比，它具有实施方便、推广性强、见效快、自发性、亲近性、义务性、认同性和安全感的特点，能够帮助学生解决日常生活中遇到的一般性的成长问题，提高学生的自我管理能力，推动学生群体的互助、关怀、支持，实现学生“他助—互助—自助”成长模式，因此在高校心理辅导和咨询中具有很重要的现实意义和借鉴作用。

在新形势下，高校现有的思想政治教育与单纯的心理医生辅导及咨询已满足不了日益增加的大学生心理教育的需求。朋辈心理辅导开展的主要形式包括互助

---

① 许占鲁:《独立学院党员培养的朋辈模式研究》,《中国石油大学胜利学院学报》2010 年第 4 期。

式心理训练、互助式心理激励、互助式心理辅导、互助式心理暗示。(蔡秀娟,2006)高校朋辈心理辅导可分为朋辈个体心理辅导和朋辈团体心理辅导。其中,朋辈团体心理辅导在校园影响面最广,因其具有心理的示范性、行为的模仿性、氛围的共融性、观念的启示性、问题的疏导性等特点,而广为学生喜爱。人本主义心理学的理论观点是朋辈心理辅导的主要理论基础。代表人物罗杰斯非常强调“心理气氛”的建设,他认为,朋辈辅导员是学习的促进者,应当注重提供良好的咨询气氛,给来访者以真诚、无条件的尊重和准确共情,这样就能够调动起来访者自身的潜力,迈向自我实现的境界(张淑敏,2008)。

2.朋辈教育

朋辈互助教育研究源于英国牛津大学,在西方国家朋辈教育广泛应用于行为规范和心理健康教育的领域(姚斌,2008)。朋辈教育并不是对某一理论的绝对运用,而是建立在心理学、教育学、社会学等学科基础上的一种实践。目前对朋辈教育的研究主要集中在心理辅导、职业规划、思想政治教育等方面(张淑敏,2008)。其作为一种教育的方法广泛运用于引导学生成为“自己教育自己的主体”,朋辈教育集中了平等性、互动性,是一种助人自助的教育模式。其推行“以身边人示范身边人,以同龄人影响同龄人”的核心管理理念,充分发挥大学生伙伴的作用,有计划、有目的地组织大学生相互传授学习、生活、工作等方面的经验,能够及时进行思想、心理的交流和沟通,进而达到伙伴间精神上的鼓励和学习上的互助。朋辈教育互助成长模式研究已成为新时期高职院校学生育人工作发展的有效创新手段之一。朋辈教育又称朋辈辅导、同伴辅导,是指具有相同背景或由于某种原因使拥有共同语言的同伴在一起分享感受、观念或行为技能,以实现教育目标的教育方法,其核心是朋辈互助。现阶段,高职院校普遍存在学生主体意识不强、自我约束能力不高等特点。多数学生以被动消极的方式参与学生管理,从而出现与学校的管理目的不能匹配的现象。而朋辈教育者来源于学生中,互助双方联系点和共鸣点较多,由于他们之间的相近性和趋同性,让受教育者更容易被影响,使得朋辈互助呈现出直接性、示范性等特点,同时还具有强烈感染力的先天优势。此外,朋辈教育是用身边事教育身边人,身边典型引领身边人,更能引起学生的共鸣和反思,从而使思想政治教育更加有效,达到事半功倍的效果,进而实现朋辈间优势互补、互相促进、共同成长的教育方式。相关的研究表明朋辈教育能够促进学生工作的开展,强化学校整体学生工作的教育效果(边社辉,2013;谭寅寅,2011),这对于当下加强和改进高职学生思想教育方法具有十分重要的现实意义和实践价值。

由于许多学校专职思想政治辅导员紧缺,达不到教育部规定的配备标准,加之辅导员工作内容千头万绪,这种“杂、碎、散”的实际情况使辅导员难以将全部精力进行思想政治教育。朋辈教育的同学来自于同学中间，与普通同学年龄相仿、经历相似，联系点较多，共通性较强，让他们与普通学生彼此分享成长成才的经验、进行思想政治教育，能够提升青年的思想政治教育时效性，帮助低年级学生探索自我、调适自我、成长自我（赵秀丽、陈雯霞，2014）。

3. 高职学生管理中的朋辈教育

与本科生相比，在学历层次上，高职生往往会产生一种失落感、不自信心态，对职校、专业认同感低，成才期望值低，对未来职业发展迷茫。高职院校对高职生培养要求不低，而学制一般比普通大学缩短了一年半至二年，这增加了高职院校开展专业教学与实施素质培养的难度。学习自觉性、主动性较差、学习成就感弱的高职生，反而会增强厌学情绪。高职生缺乏职业角色的心理准备，许多学生存在人际交往、自我认同以及社会适应等心理问题。这一切因素使得朋辈教育在高职院校学生管理实践中是十分必要和有意义的（彭赛红，2012）。由于“90后”高职新生普遍存在入学的诸多不适，加强对他们的教育和引导，帮助他们尽快适应环境，融入大学生活，是朋辈辅导员的重要职责。通过朋辈辅导员的帮助，可以促进学生之间的平等交流，增强教育魅力；帮助新同学尽快融入学校集体，推动学校社团建设；增强思想政治教育的实效性，协助辅导员更好地开展教育管理工作；培养班团干部，树立良好班风、学风（凌晨，2013）。高职院校问题学生较多，他们往往对教师的正面说教存在抵触情绪，而学生之间的平等关系可减少“教与被教”的对立性，因此，朋辈教育也更容易被高职学生认可和接受。朋辈教育在高职院校问题学生的转化中具有可行性与便捷性（王智勇，2013）。高职院校学生党员教育的培养，采取朋辈模式，有利于发挥学生党员的带动作用，有利于促进大学生党员的发展工作。组建班级党建小组，开展“面对面”朋辈式积极分子培养工作，加强班级入党积极分子的培养。实施“1＋1”伙伴成长计划，开展一对“一”的联系，实施党建助理辅导员制度，开展一名党员（预备党员）帮扶一名低年级学生，联系一个低年级学生宿舍，带领一个新生班级。通过党员（预备党员）与低年级同学的结对，帮助其解决在学业、生活中遇到的问题，引导其积极向党组织靠拢（何春风、赵文博，2012）。基于高职生的特点，根据高职教育的特点，朋辈互助实践平台可采用“1＋1＋1”的模式，即大三带大二，大二带大一相互衔接的线性模式。互助内容根据各年级的具体情况侧重点有所不同。如针对大一新生，则侧重于帮助他们适应校园学习生活，明确角色，寻找归属感等；而针对大二学生，则侧重于帮助他们创新创业意识和能力的培养等。同时还应确定相应的考核机制，以一定量化指标评价互助的效果，并将评价结果纳入该生综合测评的一部分（陈笑笑，2012）。

(三)金融系朋辈互助育人品牌的建设背景

1. 社会发展背景

进一步加强和改进大学生思想政治教育,提高大学生的思想政治素质,促进大学生全面发展是一项关系党和国家发展的重大而紧迫的战略任务。网络时代的大学生,沉浸于网络社会的交友方式,忽视身边的同学朋友,寝室之间交流也越来越少,更别提与老师及学长学姐之间的互动,这也给思想政治教育者带来了困难,因此拓展新形势下大学生思想政治教育的新型途径是非常必要的。中央十六号文件明确指出,要积极探索新型的管理体制。认真组织大学生实践活动,使大学生在社会实践活动中受教育、长才干、做贡献,增强社会责任感。朋辈互助成长工程正是在这个大环境下提出和实施的,是高校思想政治教育的一种新模式,是培养全面发展的现代人才的有效途径。

2. 学校育人背景

浙江金融职业学院学生"千日成长工程"方案的实施,进一步确立和深化了"以生为本"的育人理念,建立健全了全员育人、全过程育人、全方位育人机制。朋辈互助育人作为金融系学生"千日成长"特色品牌项目,切实贯彻落实学院"以生为本"育人理念,是三全育人机制的具体体现。通过情感迁移、典型带动、行为激励、成长导航,引导学生树立正确的世界观、人生观,通过朋辈的感染,实现金融学子每一天都进一小步、千日后进一大步的目标。

3. 专业需要背景

高职教育具有特色鲜明的教育目标、教育内容,显示其人才培养的职业性和技术性。金融系学生的专业属于大金融类,学生的就业方向多为银行、证券等金融机构,而工作形式必然与顾客发生联系,工作内容也与人息息相关,朋辈互助育人这个特色品牌紧紧抓住沟通、交流这种育人形式,在沟通、交流中了解彼此、感动对方、升华情感。语言是人与人之间沟通的桥梁,是人与人之间交流的纽带,通过语言表达自己的情感,阐释事物的意义。朋辈互助育人需要育人主体双方在沟通与交流中碰撞思想、摩擦火花,实现自助与助人的育人目标。由于专业的特殊性,更需要金融系学子学会倾听、学会在倾听中表达,而朋辈互助育人恰恰可以使学生理解沟通交流的魅力所在,理解沟通与交流的意义。

4. 学生自身的特点

作为高职院校的学生,文化知识较为薄弱,在高考这种评价体系下,他们的录取在高考中有明显的层级淘汰的意思。他们进入高职院校之后处于"心理失衡期",接踵而来的是生活环境的变迁导致自我评价失调、学习方式的不适导致学习压力大、理想与现实的差异导致失望迷惘、自我成长的受挫导致悲观失望、情感和人际交往的挫折导致孤独压抑，加之他们的文凭比一本、二本院校的档次低，造成他们对就业、对前途的不肯定而产生焦虑等不良心理反应。高职生理想信念的模糊、目标方向的迷失，更需要同龄人、同辈人的鼓励与支持，需要朋辈的指导与引导。

二、金融系朋辈互助育人品牌项目的实施状况

(一)金融系朋辈育人品牌项目的基本理念

以贯彻中共中央、国务院于 2004 年 10 月 15 日发布的《关于进一步加强和改进大学生政治思想教育的意见》(中发〔2004〕16 号)文件精神为指导，坚持以人为本的教育思想，积极贯彻学院学生工作“三个一切”的育人理念，大力弘扬学院“金融文化、诚信文化和校友文化”，开展全面育人的实践探索，培养全面发展的高素质金融专业人才。

(二)朋辈互助育人项目实施的路径

1. 以新生入学教育为契机，朋辈互助抓在起点

(1)积极做好迎新生的志愿服务工作，用自己的一言一行影响新生；迎新生工作是开展朋辈互助的很好平台，是学长学姐给新生的第一印象，也是可能影响他们的一个很好的机会，金融系在迎新过程中，对志愿者进行严格的选拔和培训，把各方面表现都很突出的各类优秀学生选出来担任志愿者，起到很好的彰显示范作用；(2)做好班主任助理、辅导员助理的选拔培训，完善激励考核制度；(3)将朋辈互助纳入新生始业教育，分门别类举办与新生面对面宣讲会。

2. 以朋辈辅导员(班助)为依托，朋辈互助始于同辈

朋辈辅导员(班助)既是辅导员、班主任的得力帮手，又是新生始业教育的领路人。新生通过朋辈辅导员的讲述，了解学校的历史与现状，认识自己所学专业的课程内容与就业情况。金融系通过制定科学的班助选拔方案，公平公正地选拔优秀学长学姐作为新生班助。通过朋辈交流、辅导员指导对班助进行严格培训，培训内容包括班助岗位职责、新生入学报到手续、文明礼仪知识、国家以及学校帮困助困政策、心理困难学生帮助方法、军训注意事项等等。培训工作结束后对班助进行考核，考核合格方可颁发聘任证书。同时，在班助工作期间，通过对新生的调查与谈话，对个别工作存在问题的朋辈辅导员进行引导、帮助、教育，督促其改进、提高，最终使其成为一名合格的朋辈辅导员。朋辈辅导员不仅要在事务性工作上帮助新

生，还要在人生观、价值观上引导新生，以身作则、感染新生，帮助新生提高思想政治素质，形成优秀的道德品质，养成良好的生活习惯，树立正确的人生目标和就业观念，促进金融学子的全面发展。

3. 以学生精英骨干为育人主体，朋辈互助引领思想

人们的情感体验对人的主观意识具有重要的制约作用，可以使人的情感世界发生质的变化，生成出新质内容，产生出新质思想。其他成员特别容易受到核心人物的影响，久而久之，耳濡目染，心向深牵，不觉地转化为信仰的内容，重新领悟生命的内涵。

学生党员是广大学生中的佼佼者，是众人学习的榜样，学生党员的言行深深影响着身边的同学和朋友。做好学生党员的思想政治教育，能起到以点带面的作用。经常性开展学生党员的自我培训、学生党员座谈会，能提升学生党员的工作能力，提高学生党员的综合素质。学生党员经常在班级和寝室能了解到朋辈同学的思想、学习、生活等方面的情况，尽力帮助解决实际困难，起到朋辈示范作用和先锋模范作用。首先，充分发挥学生党员的模范作用，传递正能量；其次，以学生干部为纽带，加强青年学生能力和实践培养；再次，以“银雁计划”为活动载体，让学长学姐给学弟学妹上课。

4. 以学生技能尖子培养为突破口，朋辈互助彰显效果

(1)开展技能尖子说技能主题班会，让学生有梦想。通过技能尖子的技能展示，让班级同学认识到技能大神就在自己身边，技能尖子这个明星身份离自己并不遥远，只要勤奋、刻苦，多花心思，自己也可以成为技能强人。

(2)开展技能尖子示范、擂台赛，让学生有目标。通过比赛，对优胜选手给予嘉奖，激励更多的人参加擂台赛，提高擂台赛的观赏性，强化技能示范班的创建。

(3)开展技能尖子结对班级，让学生有动力。技能尖子班之间的结对，有利于增进班与班之间的感情，视彼此为学习榜样，互相取长补短，在切磋交流中提高技能水平。

5. 以学生第二课堂作为综合培养窗口，朋辈互助遍地开花

学生第二课堂是学生进行自我教育、自我管理和自我服务的良好平台，也是发现和挖掘特长学生的机会。目前，金融系的主要运行社团有两大类，一类是技能训练团，另一类是星光艺术团。技能训练团每周都会组织技能训练和技能比赛，由高年级的学生分组带队，进行 PK，期中进行总结考核，评选各类技能优秀选手以及最佳导师，形成全系学生练习技能的良好氛围。星光艺术团是金融系的学生特长兴趣类团体，主要是把有文艺特长的同学组织起来给学生们进行训练，广大学生也可任意报名进行学习，形成朋辈互助提升的良好氛围，不但丰富了广大同学的课余文化生活，同时也为金融系大型晚会提供高质量、思想性强的“正能量”节目，同时艺术团积极与校外社区进行合作，送节目进社区、送知识进社区。

6. 以校友言传身教为榜样，朋辈互助薪火相传

利用校友返校的机会，充分发动每一位学生参与到校友文化育人活动当中，让学生真正理解校友返校的真正内涵，在倾听中寻找榜样，在交流中体味工作的艰辛，感受学长学姐的成长史和发展史，从而真正了解社会，认识社会，更深入地了解了行业、明确了职业的方向，为自己的生涯规划重新制定目标。尤其是系部通过一年一度校友返校日的“校友话人生”“校友话就业”等活动，让朋辈互助教育成长更加有延伸性和拓展性。除了校友返校活动，还设立了校友讲坛，定期邀请杰出校友返校讲说。让学生充分感受成功者就在我们身边，成功其实很近。学生通过这些活动，思想受到很大的洗礼，心里也产生了很大的变化，帮助学生重塑信心，明确目标。

（三）朋辈互助育人项目实施的平台

1. 班级建设平台

班级朋辈教育平台。在班集体建设过程中以发展学生个性、尊重学生为基础，建立民主、平等、和谐的师生关系和团结、协作、竞争的同学关系，营造良好的朋辈教育氛围；在班集体的主题活动，创设形式多样的朋辈教育活动，力争每一个主题班会，都达到改善班风的预期效果，通过班级朋辈主题班会让每一个学生得到展现自我的机会，实现全员育人的目标；在平时的班级活动、班级交往中，在班委会的带领下，形成学习、生活与工作上团结互助、积极向上的和谐氛围。金融系所有新生班级在始业教育之初，都会开展大型主题班会，邀请系党总支书记、学工办主任、班主任、辅导员及朋辈辅导员班助参加，他们的班会内容大致包括班情分析、成绩介绍、才艺展示、分析不足、改善建议，通过主题班会让组织者、表演者、参加者以及观摩者都受益颇多。

2. 文明寝室建设平台

宿舍朋辈教育平台。宿舍是高职学生形成学习与生活习惯的重要地方，也是对学生进行思想政治教育的重要阵地。宿舍朋辈教育要依托宿舍管理中心、党员小组与学生会等组织，开展高职学生素质拓展的朋辈教育活动。在宿舍楼建立学生活动党支部、团总支，全面负责宿舍楼各专业学生的入党启蒙教育、党员发展、党员团员教育和管理工作；党团组织定期开展具有宿舍特色的思想教育活动，如开展“一名党员就是一面旗帜”“党团员示范区”“党团员文明宿舍”“党团员义务奉献日”“大学生志愿者服务”等活动，发挥党团组织战斗堡垒和党团员的先锋模范作用。为了增强寝室长的朋辈带动榜样，发挥寝室长的引领作用，金融系为此制定了《优秀寝室长评选条例》，对在卫生、学业、学生活动以及寝室凝聚力方面表现先进寝室的寝室长进行嘉奖，以此鼓励寝室长的工作积极性，改变以往寝室长“有职无权、有名无益”的不利境遇，做到“有职有责”。

3. 社团组织平台

学生社团是大学生朋辈互助、自助助人的重要阵地。社团是大学生共同兴趣的聚集地，大家因同一种兴趣爱好而相识、相知，在人生观、价值观的取向上也比较趋同，对话的可能性比较大，互相感染的情景容易出现，目标方向的认同更加自然。社团组织是朋辈教育的兴趣阵地，是朋辈教育最有效的途径之一。通过社团的培养和建设，让特长学生充分发挥自己的特长，真正得到认可和肯定，同时通过高年级优质特长生的引领，以朋辈互助成长体系为平台，形成良好的朋辈育人氛围，指导低年级特长学生长效发展，并形成一种固定的培养模式，在特长生培养的过程中灌输学生育人的新理念，创新育人的新途径，让学生真正地在精神层面和发展目标上有所突破。

4. 党支部、团支部、学生会组织平台

在坚持依靠党支部、团支部、学生会等传统大学生自我教育、自我管理、自我服务组织的基础上，进一步发挥大学生朋辈群体的榜样示范、激励和自我教育功能，构建具有时代特色的朋辈教育系统，是新时期加强和改进大学生思想政治教育的有效途径和方式。党团学组织作为高校学生管理的非正式组织，聚集着学校一批能力较强的学生，许多非常优秀的学子，甚至个别明星学生都汇集于此，使得党团学组织人才济济。所谓"近朱者赤，近墨者黑"，身处党团学组织的学生，他们更有机会接触优秀的学长、学姐，将他们标榜为自己学习的榜样人物，见贤思齐、相互激励，高职四年便积聚着无穷的奋斗力量。同时党团学学生组织又是思想政治教育的宣传阵地，能够正面传达国家、党、学校及院系的方针路线，有利于当代大学生形成民族精神、国家观念、集体意识，有利于大学生形成积极健康的世界观、人生观，提高当代90后大学生的思想政治素质，充分发挥党团学的思想教育阵地作用。

5. 朋辈主题交流会平台

交流会作为经验总结、经历分享、思想交融的一种平等对话的形式，容易让倾听者感受演说者的情感，理解演讲者的表达意义，通过彼此间毫无保留的交谈，从而评价演说者的行为，发表自己的看法，使得交流会上升到"润物细无声"的教育寓意。金融系将新生始业教育纳入朋辈互助育人理念之中，在新生入学之初便会开展各种类型的朋辈互助交流会，比如新老贫困生交流会、新老外省学生交流会、新老退役士兵交流会、新老团学干部交流会、新老钻石奖学金获得者交流会、新老班干部交流会、新老寝室长交流会等等。金融系的朋辈互助育人主题交流会，参加对象既包括大一新生，又包括大二、大三老生，既有省内的学生，又有省外的学生，既有普通学生，又有家庭困难、学生干部这些特殊群体的学生；交流会的内容既包括入学指导和专业咨询方面，又包括思想引导、就业指导、人生规划等方面；交流的成效不仅在会场上有共鸣效果，而且还会产生持续的、持久性的作用。通过主题交流会，让大一新生从学长学姐的口中了解到大学的生活状态是怎样，如何确立大学的学习目标，找准人生的发展方向，自己的身份职责该怎样去执行，自己的大学生身份该如何去诠释，从而一点一滴地让新生学会自信、自立、自学、自强、自治，关爱他人，与人合作，从而成为一个比较完美的人。

6. 军训教育平台

浙江金融职业学院军训教官身份特殊，并非现役军人，而是学校的退役士兵大学生，他们在服满兵役后，通过考试进入学校，成为一名大学生。学校军训教官80％出自于金融系，所以金融系退役士兵是学校整个军训工作的主力军，他们中一部分在本系担任教官，另一部分到外系担任军训教官。金融系利用本系学生担任军训教官的契机，拓宽朋辈教育途径，创新大学生军训模式，利用军训教官双重身份的优势，建立“朋辈军训学长制度”。本系退役士兵担任新生军训教官，具有先天的优势。一是军训气氛的融洽。教导者与被训者年龄相仿，兴趣爱好一致，世界观、人生观趋同，有着共同的语言。教官是自己学长，容易使教官迅速融进新生群体中去，拉近与新生的距离，减少军训过程中的摩擦。二是军训效果的持续性。一般情况下军训结束后，现役教官离开新生，回到军营，容易出现军训效果的终止情况，学生回到军训前自由散漫的状态。而朋辈教官出自于本校，即便军训结束，他们仍然留在学校继续求学，陪伴新生成长，并且能够对新生及新生班级持续性地教导与指导。三是军训内容的延伸性。现役教官出自于军营，长期的军营生活，难免使其远离主流社会，无法做到对新生科学文化知识的指导。而该系朋辈教官都出自金融系，所学专业都与金融专业相关，有能力对新生进行专业分析、课程讲解、技能教导、就业指导，实现军训内容延展到专业知识学习、专业技能练习、班级建设管理、就业指导规划方面上去。

（三）实施的重难点

所谓“三困生”，即贫困生、学困生、心理困难学生，是大学生中的特殊群体。“三困生”的助人自助工程是一项十分艰巨而复杂的任务，如果能够顺利地实现“三困生”助人提升工程，将会对整个朋辈互助育人品牌建设成效的实现起到关键作用。促进贫困生、学困生、心理困难学生健康成长“三困生”的助人自助工程，需要充分利用朋辈资源，帮助贫困生、学困生、心理困难学生解决实际问题，并在此过程中，促使被助者实现自我解困、自我成长。

1. 贫困学生的朋辈互助

金融系在成立学生会的基础上，再成立以学生为主体的“学生资助服务部”，给学生提供服务信息，搜索助学岗位，为家庭经济困难学生解决生活困难，提高自信心，顺利完成学业提供帮扶。

首先是在学院评选“励志之星”的基础上，系部进行优秀励志之星的评选，树立典型；其次是通过励志之星的宣传以及日常的贫困生交流会、座谈会等让贫困生建立心理自信心，对生活充满希望。再次是朋辈引导。通过优秀贫困生的言传身教以及一帮一的方式让贫困学生走出贫困自卑的心理。

2. 学困生朋辈帮扶

学生在学习上遇到困难是十分常见的问题，但是如果不及时发现、帮助、关心，可能导致学业上发生恶性连锁反应，最终会导致学生难以顺利完成学业。金融系结合学院近期开展的“学习困难学生帮扶计划”活动，成立了以专业教师申报的学习困难学生帮扶小组，每一位教师结对 1—2 名学习困难学生，在此基础上将学习成绩优秀，学习方法得当的学生也纳入帮扶体系，开创了朋辈学习帮扶的新局面。帮扶小组组员对学习困难学生进行针对性辅导，并建立起长期的服务关系，做好帮扶记录，帮助他们提高学习成绩。除了对其进行学习帮扶外，朋辈互助成员还要对其进行行为帮扶、思想帮扶，改掉不良习惯，从他律内化为自律，从互助转变为自助，促进其顺利成长。

3. 心理问题学生的朋辈辅导

以学生会心理发展部为基础，组建朋辈心理辅导团队，并给予必要的系统培训。充分发挥朋辈心理辅导员的作用，注重平时的心理知识普及，力所能及地对心理个案进行咨询、辅导，甚至干预。由于朋辈间较为接近的价值观念、经验，使得朋辈心理辅导可以更好地深入心理问题学生的内心去体验他的情感，帮助其解决心理问题，促进其健康成长。

三、育人品牌项目取得的成效

(一)开创了“他助—互助—自助”的学生成长模式

助人自助，共同成长。大学生朋辈互助成长工程，充分整合和发掘大学生自我教育的资源和力量，进一步丰富和拓展学生思想政治教育工作的内容和领域。对于低年级学生来讲，他们更乐于向学长、学姐讨经验、寻帮助，能够使问题得到及时全面的解决；对高年级同学来说，可以在通过帮助别人的过程中正确认识自己，提高自信心，并找准自己的人生定位。对于学校来说，可以有效弥补专职人员的不足，化解大学生思想政治教育工作中的各种矛盾，消除工作死角。不可否认，学生素质和能力上参差不齐，本项目立足朋辈互助，面向全体学生，抓两头，促中间，分类推进。

1.自助提升工程：促进学生精英团队在管理服务中优质成长

优秀学生的自助提升工程，是充分发挥学生党员、学生干部的榜样示范作用，在管理服务工作中，创先争优，打造学生精英团队，促使成员在相互帮助，相互促进的过程中实现自我帮助，自我教育，自我提升，促进学生优质成长。

(1)新生班主任助理的组织管理能力提升。金融系已经形成较为完整的新生班主任助理选拔、培训、考核制度，他们切实履行“朋辈辅导员”的职责。充分发挥优秀学长学姐的作用，使新生尽快地适应大学生活。通过开展班主任助理的“传、帮、带”活动，帮助新生养成正确的学习生活习惯，培养良好的集体主义精神。同时，也增加了自身责任感，有利于正确的人生观、价值观的形成。

(2)辅导员助理团队的管理服务能力提升。辅导员助理在掌握班级学生的基本情况、思想动态、心理问题、学习表现、生活现状等方面有独特的优势，在学生教育、管理和服务中发挥着不可替代的作用。辅导员助理在辅导员的指导下组织朋辈开展校园文化建设、思想政治教育、就业创业教育等活动中，增强服务意识，提升自身管理能力。

(3)学生党员干部团队综合素质提升。学生干部、学生党员是广大学生中的佼佼者，有些甚至充当着众人学习的榜样，学生干部、学生党员的言行深深影响着身边的同学和朋友。做好学生干部、学生党员的思想政治教育，能起到以点带面的作用。经常性开展学生干部和党员的自我培训、举办学生干部工作讨论会、学生党员座谈会，提升学生干部、党员的工作能力。大力开展“创先争优”活动，实行学生党员、干部联系制度，推行党员示范岗，督促学生党员、干部经常下班级下寝室了解朋辈同学的思想、学习、生活等方面的情况，尽力帮助解决实际困难，起到朋辈示范作用和先锋模范作用，提高学生干部和党员的综合素质。

2.自助助人工程：促进广大学生在回报奉献中快乐成长

持续性的影响与感染，最终会使朋辈互助群体成员在情感上得到升华，整个群体的情感色彩趋向积极健康的方向。广大学生在自助之余，形成帮助他人，回馈学校，回馈社会的良好氛围，促使学生在回报奉献中快乐成长成才。

(1)健康成长，快乐成才。金融系朋辈互助育人项目涉及学生的学习、技能、生活、人际、就业、心理健康安全等方面，通过借助“同龄人去帮助同龄人、同龄人去影响同龄人”这种形式，由点及面的辐射方式，自己去感染他人，他人去带动他人，实现一部分人带动另一部分人，有利于促进当代大学生身心的健康发展。由于金融系的朋辈互助育人项目内容的深度与广度，在培养学生的理念上秉承着全面发展、健康成才的育人路线，使得金融系的学生不仅专业知识扎实、专业技能精通，而且综合素养较高，多才多艺，入职后的发展动力更加强劲、持续性更好。

(2)积极奉献，服务社会。学生社团利用其自身的优势，以学生独特的视角，参与社会实践。提升社团活动质量，通过大量的、多层次的、多方面的活动，为人民群众、为社会服务，培养大学生的集体主义思想和奉献精神，增强他们的社会责任意识和使命感，营造良好的回馈社会的氛围，促进大学生在回报奉献中快乐成长成才。该系暑期社会实践宣讲会是朋辈教育的一次经验分享的学习机会，学长学姐通过宣讲会介绍他们“三下乡”的暑期社会实践心得体会，从而让其他学生认识到服务社会的意义，从而投身到锻炼自己、服务人民、奉献社会的暑期社会实践中去。

(3)朋辈就业、创业指导。加强毕业生的思想政治教育，强化毕业生的服务意识、责任意识，树立正确的就业择业观，对提高毕业生的就业率和就业质量起到良好的效果。

邀请往、应届毕业生中进入银行、企事业、自我创业、培训等优秀同学代表，开展朋辈典型教育，建立“学长讲堂”，提升同学们的就业能力和就业质量。开展“投身基层、艰苦创业”就业主题班会，实施朋辈自我教育，转变就业观念，实行自主创业。通过每届毕业生面对面交流活动，开展感恩教育，促使毕业生回报学校，服务学生，让其在奉献付出中体验成长的快乐。

(二)拓宽了思想政治教育新阵地

当前大学生思想政治教育主要是以教师为主导，主要依托力量为势单力薄的专职辅导员，主要阵地局限于班级、党团学以及社团组织，重在对学生进行说教型、填鸭式灌输，教育形式较为单一，不易为学生接受。近年来，金融系探讨和推行“朋辈式”这种新型思想教育模式，取得了很大的成果。金融系一直推行“以身边人教育身边人，以同龄人教育同龄人”的学生管理理念，以“助人自助，共同成长”为发展目标，实施大学生朋辈互助成长服务工程，充分调动大学生的积极性和主动性，引导他们自我教育、自我管理、自我服务、自我成长。实践证明，这一探索贴近生活、贴近实际、贴近师生，教育效果好。朋辈互助育人改变了传统思想政治教育的缺陷，使得思政教育更容易让学生接受与认可，教育的结果也不再是短暂的、场景性的，而是内化性、延伸性、持续性的结果。

1.提高全系学生工作效率

传统的学生工作主要依靠辅导员的单打独斗，而高校辅导员数量是十分有限的，且辅导员的工作内容又是繁杂的，容易导致辅导员的“手忙脚乱”。金融系的朋辈互助育人品牌项目体系已日臻完善，在这个育人品牌指导下，学生工作有了强大的依托力量，可以举全系之力开展各项学生工作，金融系学生工作得以有条不紊、井井有条、事半功倍地开展。将学生纳入学生工作的管理与指导体系之中，实现育人过程的传递与传承，每个学生既是助人者，又是自助者，辅导员不仅有了得力的帮手，而且学生也得到锻炼，能力得到提高。

2. 培养了一大批特长生

浙江金融职业学院非常重视发挥学生的专长，为学有余力的学生提供施展和提高才能的广阔空间，着眼于未来社会对人才的需要，本着快出人才、出好人才的目标，依据学生实际和学院具体情况，根据学院五届二次教代会精神，在2014年十件大事里投入100万，培养千名特长学生，用于学生综合素质和特长培养，基于学院的建设目标，针对本系学生特点，金融系于2012年9月正式成立星光艺术团，成立之初主要针对金融系学生人数多，各方面人才多样化的特点，将他们凝聚在一起，实行学长学姐导师制，一老一新对接制度，让老生带动新生，通过定向和剧目式的培养，让学生在繁忙的学习之余能够得到全面发展。艺术社团下设秘书处，有舞蹈队、合唱队、器乐队、话剧队、主持队等等。

在2013、2014年浙江省大学生艺术节中，金融系星光艺术社团的群舞《乘着知识的翅膀》《青春记忆》分别荣获二等奖，金融系学生杜丹丹、沈范骏、杨星星等同学获得浙江省大学生辩论赛团体冠军，艺术社团参与省级和校级各类各项赛事有13次，组织举办了2013、2014、2015年金融系新生才艺大赛，组织并成功举办了金融系2013、2014、2015年元旦文艺会演活动，同时还参与了学院的迎新年晚会和学院教工迎新年晚会活动，深受好评。金融系星光艺术社团以各类文艺演出为平台，以浙江省各类竞赛为载体，建立特长生培养计划，努力做到让每一位学生“站一次讲台、上一次舞台”，力争培养出一大批优质特长生，拼出一系列较有影响力的成绩。

四、育人品牌项目进一步的实践思考与展望

（一）以“朋辈教育研究中心”为载体，加强科学研究，提高顶层设计和系统策划，进一步提炼育人文化成果

每个高职院校都有其特色，进行朋辈教育要坚持专业化与本土化的原则，因此成立一个管理、运行的机构——朋辈教育中心非常重要。朋辈之间的互动往往是自发的、分散的，要开发高职学生的优秀朋辈教育资源，朋辈教育中心就必须从当代高职学生的实际出发，进行人才调研，提高顶层设计的科学性，坚持系统策划，按照学生成长、成才的需求，构建合理的朋辈教育体系，并在教育实践中逐步实施，不断检验、丰富和完善。金融系在下个阶段将成立“朋辈教育研究中心”，由系领导牵头，辅导员、班主任作两翼支撑力量，从本系学生工作管理特色出发，深入朋辈理论研究，解剖实际工作案例，将实践融入朋辈理论，再生朋辈互助相关理论，以实践探索和理论研究为基础进一步加强提炼朋辈育人文化成果，传播育人新经验。

(二)聘请“朋辈教育导师”，进一步挖掘校友的力量

校外朋辈教育的主体是学校的校友，做好每年的毕业生跟踪调查，从校友中挑选职业素养较高、职业道德较好、声誉较好的，有责任心与热心于学校的思想政治教育的人，由朋辈教育中心聘请为“朋辈教育导师”，并按照工作量给予一定的报酬。校友的朋辈教育，从自身毕业后的发展道路，提取经验或教训来展开；能结合高职大学生的职业未来而更有针对性地进行教育；还能结合顶岗实习、暑期社会实践等活动进行现场的实际教育，更具说服力及实效性，甚至达到“朋辈教育—实操—就业”的理想教育模式。

(三)进一步强化“三支队伍”的朋辈教育作用

所谓“三支队伍”是指“申请入党学生队伍”“入党积极分子队伍”“学生党员队伍”。这三支队伍分别占金融系学生总人数的90%、30%和10%，如何加强这三支队伍的教育管理，对于高职院校形成一个良好的校风、学风至关重要。这三支队伍的学生都有较高的政治觉悟和追求，思想政治素质过硬，道德品质上佳，学习勤奋刻苦，人际关系较好，如果能发挥他们的朋辈教育功能，将会对学生管理工作起着战斗堡垒作用。这三支队伍有理想、有信念，党性修养较高，工作态度积极，通过他们去影响其他学生的思想政治观念是一条十分有效的朋辈教育路径。金融系在下个阶段会通过党课学习、实践教育，将朋辈互助育人理念传递给每一位入党积极分子以及学生党员，并且将党建与专业两者有机结合起来，通过规范党组织机制，健全系总支专业支部，班级党小组，发挥基层党组织的朋辈主体作用，不断提高“三支队伍”朋辈教育效果。

(四)进一步完善朋辈互助教育文化墙体系

学生朋辈互助成长的文化墙体系建设没有全部完成，接下来将逐步完成；学生朋辈互助成长的覆盖面还有待进一步拓展，惠及的学生数还有待进一步增加；相关运行机制有待进一步完善，项目的系统性需要逐步提高；学生对于朋辈互助成长的项目反馈还没有进行认真调研和分析；接下来将逐步完善朋辈互助成长工程，由老师组成教师导师团，公开选拔学生导师团，通过制度设计，培训讲座，工作内容设计、考核方式设定等等，让朋辈互助走进每一个班级，惠及每一位同学，同时不断提升现有的活动模式，不断创新银雁班培养计划以及朋辈互助宣讲会的形式；重点加强“走下去”工作，让学生导师团深入到同学当中，特别是需要帮助的同学当中去，真正从实效上做到朋辈互助，共同成长。

（五）加强朋辈互助育人优秀成果的宣传与推广

金融系朋辈互助育人项目涉及不同层次、不同类别的学生与团体，各有各的创新特点与实践方法，其中会涌现出许多好的育人经验与做法，在新媒体高度发达的今天，加强对优秀育人成果的宣传与推广，不仅是激励先进文化育人的需要，也是项目本身不断发展创新的需要，更是不同组织、团体交流思想、理念的需要，最终还是全体学生自我成长发展的需要。做好线上线下、校内校外的宣传与推广，既有利于全体同学快速有效的受益，同时也有利于我们能接受同行的指正及同学们的监督。

投资与保险系“以社团育人为载体”的“天生我才”实践育人项目研究

实践育人是提升大学生素质与能力的重要途径。投资与保险系历来坚持学生实践教育，重视发挥实践育人功能。2014 年 4 月，投资与保险系成功申报“天生我才”实践育人——以社团育人为载体的育人工作品牌项目。项目立项以后，系领导高度重视，专门召开会议讨论接下来的工作开展。经过近一年的努力，投资与保险系以项目为依托，在全系范围内营造了“人人成才、天天进步”的育人氛围，促进了学生的优质成长。

一、实践育人相关理论

自 2012 年初教育部等部门出台《关于进一步加强高校实践育人工作的若干意见》(以下简称《意见》)以来，实践育人成为高校人才培养工作的一大热点。高校实践育人的核心是专业实践育人，通过专业实践，让学生们都参与到专业活动之中，激发学生的专业兴趣，提升专业活动能力。因此，全方位构建专业实践育人体系是高校人才培养的重要内容之一。

(一)实践育人问题的由来

“实践”一词最早源于希腊文 Πρακτικη，它是指最为广义的有生命的东西的行为方式。亚里士多德将其发展为“正确的行为，一个完全圆满地完成自身构成目的的活动”。费希特则提出“实践知识学”，认为行动是自由得以实现的关键。马克思主义哲学对于实践的理解有二，一是人们改变客观的活动，二是人类自我完善的创造性活动。可见，实践的理念贯穿文化的发展。而哈佛大学查德·莱特教授在其历经十年的调研中也发现，所有对学生产生深远影响的重要实践，有 80％是发生在课堂外，发生在课堂内的只有 20％。

在我国，实践育人的思想理念其实也由来已久，最早可追溯至先秦《左传》："非知之实难，将在行之"，这说明在当时已认识到"行"较之于"知"的难度与重要性。作为"万世师表"的孔子认为"子以四教：文、行、忠、信"，即在孔子的教育中，包括了书面知识（文）、社会实践（行）和道德修养（忠、信）；而荀子也明确有言："不闻不若闻之，闻之不若见之，见之不若知之，知之不若行之"，可见"行"比仅仅听闻、知晓更为重要。因此，在中国古代的教育思想之中就融汇了"文""知"与"行"相结合。隋朝王通和南宋朱熹将"知"与"行"的重要性加以排序，王通认为"知之者不如行之者"；朱熹则指出"致知力行，论其前后，固当以致知为先，先知后行。然论其轻重，则当以力行为重"，即虽然认为"知先于行"，但就重要性而言，"行"先于"知"。将两者合一的观点由明朝王阳明提出，"知之真切笃实处即是行，行之明觉精察处即是知。知行功夫本不可离"。以上文籍资料中，所谓知，即为知识，所谓行，就是将所学知识实践出来。这可以说是实践育人的雏形。

在当前教育中，有一种倾向是将知识与实践划分，乃至对立。即便将两者结合，也是作为不同的阶段划分，即把两个独立的教育形式在时间上进行简单的组合。这也导致了在一个较长时期中，我们把实践教育放在课堂之外、知识之外、学校之外。因此，实践育人本身作为人才培养中不可分的一部分，在当今作为一个重要的任务在高校人才培养工作中强调和推进。

（二）专业实践是实践育人的核心

实践育人的内涵有多种、多重界定。秦川（2009）①将实践育人分解为两个层次，一是将课堂上的理论知识与实践相结合，培养学生的理论应用能力；二是实践育人把不能通过语言、文字或符号进行逻辑说明的，只可意会不可言传的实践性知识，以非正规形式加以传递，使得知识的拥有者和使用者在实践中清晰获知、接收、反思、创新与传承。吴亚玲（2010）②认为实践育人是兼顾理论教育与实践教育，兼顾校内与校外两种实践教育。杨宏志（2012）③定义实践育人为"通过引导学生参加与自身健康成长、成才密切相关的各种应用性、综合性、创造性实践活动，促使他们形成高尚的道德、健全的人格、勇于创新的精神与实践能力，以实现属人的全面完整发展的教育活动"。可见，实践育人的内涵并无统一的界定，但实践育人的理念基本一致。而这些思想理念部分传承于 20 世纪 80 年代提出的素质教育，相对于应试教育而言，更为强调学生能力的培养。归纳实践育人的现有文献，大致上可

---

① 秦川：《对高校大学生实践育人机制的反思与重构》，吉林大学硕士学位论文，2009 年。

② 吴亚玲：《实践育人理念的哲学分析》，《现代大学教育》2010 年第 1 期，第 13—17 页。

③ 杨宏志：《实践育人的理念与时间》，《国家教育行政学院学报》，2012 年第 2 期，第 3—7 页。

以分为三大类，一是思想道德方面的实践育人，强调素质层面的社会育人；二是专业课程的实践教学，特别是实验教学与校内外实践基地活动；三是实践育人的机制建设，如人才培养方案设计、场所与基地建设、师资建设、质量控制等。

教育管理部门及学校都对实践育人进行了翔实规定，各学校中的各专业之间在课时设计、场所建设、师资配备等方面大多符合相应要求。但实际上，不同学校、不同专业之间的实践育人效果差别是巨大的。究其原因，主要在于专业实践育人因素上。实践育人的目的是提高专业人才培养水平，许多学校或专业有较丰富的实践活动，但与专业联系性较弱，没有激发学生的专业兴趣，并未提高学生的专业水平；或者有较多的专业实践活动，但没有形成完善的体系，找不到适当的平台，没有良好的运行机制保障。

在教育部等出台的《意见》中指出，实践育人有三种形式：实践教学、军事训练和社会实践活动。这三者之中，军事训练一般由学校统一安排，并无专业之分；社会实践活动主要包括了专业社会实践活动，以及公益、社会体验等与专业教学没有直接关系的非专业的社会实践活动。我们可将实践教学与专业社会实践活动统称为专业实践，《意见》中还指出，实践育人要结合专业特点和人才培养要求。

专业实践包括了实践教学与专业社会实践活动，即是在课堂教学和社会活动中融合了实践，更在实践活动中将专业知识和技能加以融会贯通，实现学生整体能力与素养的提升。因此，专业实践以专业为载体开展一系列的实践，能充分发挥专业特色，因此它最能体现实践育人特色与成效；专业实践也围绕专业特色形成系列教学与活动，能实现学生专业兴趣的培养；专业实践使得专业教学不仅仅停留于课堂知识教学，这是对专业教学的深化。可以说，专业实践能有效地实现学生毕业与上岗的之间零过渡。

二、当前高校专业实践育人的难点

专业实践育人依托专业平台而进行，不同专业在推进专业实践育人有不同的模式，其工作的难点也不尽相同。一般来说，文科类专业相对理工科类专业有更大的难度，需要有更多的创新模式。总体而言，高校在推进专业实践育人工作中主要存在以下难点：

（一）缺乏“实践育人导向”的专业人才培养顶层设计

实践育人在高校中不仅仅体现在部分人才培养方案的调整，如在原有的基础上，简单地增加实践课时数，增加认识实习、专业实习、毕业实习的时间、内容和要求。但是，这本质上并未将专业实践部分有机地融入人才培养方案中。特别是在文科类专业中较为普遍，专业实践只体现在“实训室里教学＋实习”，后者包括的认知实习、专业实习和毕业实习，往往是老师布置任务，学生在假期（毕业实习在最后一学期）自行完成，没有形成课程教学与专业实践之间的紧密联系。这一问题就根本而言，是没有在顶层设计上坚持以“实践育人导向”，没有将专业教学与实践活动融合，没有做到课内课外结合、校内校外交叉在一起。

（二）缺乏学生自主开展专业实践的平台

目前各高校落实专业实践的平台主要是校内、校外实训基地，这些基地都有产学合作协议，且在数量上也不少。但在实际工作中，校外实训基地的使用往往是专业层面统一协调、安排，或是课程教学中集中开展部分项目实训，学生难以自主参与实践活动，使用率低。

（三）缺乏行业、企业深度参与专业实践活动的长效机制

高校的专业教育是为相关的行业、企业或岗位培养有用的职业人才，因此专业人才培养需要行业、企业的深度参与。但目前行业、企业参与人才培养的主要途径是：一是参与人才培养方案的论证，二是参与部分专业课程（主要是部分内容）的教学。但这些是不够的，需要建立行业、企业深度参与专业实践的常规工作机制，发布产业、行业发展动态，共同开展专业技能竞赛，交流专业实践经验等。

（四）缺乏教师深度参与并指导学生专业实践的工作机制

高等教育大众化后，教师与学生在专业教学中的关系趋向淡化。专业教师除课程教学、安排指导实习与毕业论文（设计）外，难以形成相对稳定的专业实践指导与被指导关系。教师与学生之间没有构建起紧密的师生关系，也没有形成一种稳定的，能对学生的专业实践活动提供连贯性指导的，配有相应考核机制的专业实践导师关系。

（五）缺乏学生参与并检验实践成果的活动机制

在当前许多专业实践中，特别是文科类专业实践中，学生专业实践成果主要体现为课程作业、实验报告、实习报告与毕业论文（设计）等，成果检验基本上为纸质材料，缺乏以产品、作品、竞赛成果等形式的立体、生动的展现。另外，当前高校专业实践检验一般是合格性检验，缺乏有层次的专业能力检验体系，也缺乏培养优秀或卓越学生的专业活动机制与考核机制。

三、投资与保险系实践育人采取的主要措施

(一)调整系部育人和教学计划、完善实践育人相关制度

巩固发展校内实践育人主阵地，需要完善校内实践育人制度。完善制度是确保实践育人自上而下层层展开，落实到每个部门、每门课程和每位教师上，固化在专业培养计划、课程教学大纲和教师岗位职责之中的重要手段和根本保障。推进实践育人工作，就要制订有效管用的考核评价标准与具体实施办法，以切实增强实践育人的实效性。投资与保险系有目的、有计划、有重点地对实践育人体系的各个主要环节和方面进行监控，以确保实践育人的切实成效。

1. 系部在人才培养顶层设计上坚持“实践育人导向”的理念，形成实践主导型人才培养模式

实践育人导向是指在人才培养上坚持实践育人为根本路径，通过第一、二、三课堂相结合，校内外实践基地相协调，人才培养方案内与外相补充，形成以“学生自主、实践先行、理实相融”为特征的实践主导型人才培养模式。本专业将激发学生的专业学习兴趣，提升学生的自主学习能力作为人才培养的核心目的之一。通过在人才培养方案内外、课堂内外、校内外的综合规划，在顶层设计立足让学生动手起来，让学生讨论(说)起来，最好是让学生能“玩”起来，使学生能自主参与专业实践活动，自主学习专业知识和技术。

2. 定期召开投资与保险系实践育人工作推进会议，形成良好育人氛围

投资与保险系定期召开实践育人工作创新推进会议。自投资与保险系启动实践育人工作以来，定期召开各种形式的推进会议，每次会议都会总结以“学生自主、实践先行、理实相融”为特征的实践主导型人才培养模式取得的成效和改革成果。对下一步投资与保险系创新推进实践育人工作进行探讨，投资与保险系将立足实践育人基地建设、卓越理财人才培养，贯彻落实“实践中学习、特色化培养、个性化成才”的实践育人目标，形成良好的育人氛围。

3. 通过育人理念引领，让行业引导专业实践

专业实践并不是简单地把学生放在社会、企业、岗位上，让学生动手、观察。专业实践需要营造氛围与理念引领，通过相对固定的平台，让学生了解行业、企业的市场环境、发展变化等，为学生参与专业实践打好基础。投资与保险系考虑到其服务的金融理财大环境的快速变化特征，建立“理财大讲堂”，每月有计划地邀请大理财行业中的专家和一线行家，面向学生开展行业前沿、业务创新、岗位

发展等内容的讲座，有助于学生开阔视野，在专业实践活动中明确方向和找准问题。

4. 建立导师制，形成教师深度参与学生专业实践的制度保障

在高等教育的本科、专科层次上，师生关系是一大难题，特别是教育大众化后，师生关系有淡化的趋势。当前，师生关系不再仅仅满足于班主任、辅导员管理、服务、关心好学生，专业教师上好课的状态。要构建新型的师生关系，让专业教师与学生之间形成稳定的师生情感。

投资与保险系全面实施导师制，先由学生根据自己的兴趣选择自己的专业实践活动领域，选择相同领域的 5 名左右学生组成团队；再由全体专业教师与学生团队双向选择建立师生关系。同时，导师在相关行业领域中选择一名有经验、高水平的实务工作者（主要是校外兼职教师）担任副导师，形成校内外双导师团队。导师在学生三年学习生涯中，对团队学生的专业学习、专业实践、毕业设计、就业选择等进行全程指导，并实施《专业实践活动》课程，实现"实践贯穿"。几年的工作经验表明，导师制在推进学生自主、连贯的专业实践活动，帮助学生参加专业竞赛，提高学生的专业水平和促进就业等方面，都发挥了良好的作用。

5. 启动"卓越理财"人才培养工作，将实践育人的亮点充分呈现出来

为了更好地实施以生为本的教育方针，创新实践育人工作体系，实施卓越人才培养计划，投资与保险系启动了"卓越理财"人才培养工作。专业实践活动的开展，离不开对优秀人才的重点培养，并通过其对专业实践活动发挥出示范带头作用。因此，需要考核建立单独的工作机制，来选拔和培养优秀专业人才。

"卓越理财"人才培养方法是将专业实践活动中的优秀人才，组成一个个独立的、面向不同领域的小团队，目前已经组成演讲与辩论、银行技能、投资理财技能、社会实践、挑战杯、保险技能、体艺团队等七个团队，投资与保险系指定专业老师作为团队导师。团队的成员是每月更新一次。各个团队的使命不同，有些是为了参加省级以上专业竞赛，有些是为了参加高水平技能竞赛，也有些是为了提供社会服务等。通过"卓越理财"人才培养，专业实践育人的亮点得以呈现。

6. 制定并在全系范围内发布《浙江金融职业学院投资与保险系推进社团育人若干意见》，让实践育人制度化

为进一步落实浙江金融职业学院《关于进一步提高人才培养质量的若干意见》，鼓励投资与保险系学生积极参加各专业社团，不断推进本系社团育人工作向纵深发展，制定了《浙江金融职业学院投资与保险系推进社团育人若干意见》，投资与保险系要求全系学生（大三学生除外）至少加入一个专业社团，每学年至少参加一次社团组织的专业竞赛和一次品牌沙龙活动。对社团的活动开展也做了相应的要求。所有协会按照一个品牌沙龙、一项专业竞赛、联系校外一片来开展相应的活

动。每个协会按照计划有条不紊地开展了一系列的活动，常规的品牌沙龙和承办的专业竞赛如下表所示：

社团名称	成立时间	指导老师	社团品牌沙龙/专业竞赛	社团承办赛事(或学生获奖)
保险协会	2001年	李　兵	保险知识我知道/职场技能大赛、保险达人秀	2009—2014年第一届—第六届保险职场达人秀、2009—2014年第一届—第六届信泰杯职场技能大赛
808实践投资协会	2002年	黄海沧	“我是操盘手”投资训练营/证券投资模拟大赛	2013年、2014年首届和第二届浙江省大学生投资理财技能大赛
理财协会	2012年	陆妙燕 沈洁颖	谈财说理/理财规划方案设计大赛	2013年、2014年首届和第二届浙江金融职业学院理财规划方案设计大赛
创业投资协会	2010年	裘晓飞 毛　通	战隼俱乐部/创业创新类大赛	浙江省第四届高职高专院校“挑战杯”创新创业竞赛社会调研类获得特等奖、二等奖和三等奖；2014“挑战杯——彩虹人生”全国职业学校创新创效创业大赛三等奖
演讲与口才协会	2011年	王子杭 彭　叶	唇枪舌剑“新生杯”辩论赛/“新生杯”主持人大赛	2013年获“浙江省高职高专辩论赛”冠军(韩翔鹏)，获浙江金融职业学院“新生杯”辩论赛冠军；2014年浙江省“高职高专辩论赛”冠军(何益之、王宇宁、余致程)；2014年投资与保险系辩论队获第十届“金院杯”辩论赛冠军
职业与技能协会	2012年	周小平 潘静波	“指舞飞扬”技能尖子强化班/银行类职业技能大赛	2012年、2013年首届和第二届提升自我超越极限技能大赛；2013年、2014年首届和第二届“指舞飞扬”技能尖子选拔赛；2014年首届“手展技能，口显才华”演讲比赛
期货协会	2013年	杨树林	独思会期/期货模拟交易大赛	2012—2014年第一—第三届“高校精英”杯期货模拟大赛；2013年、2014年首届和第二届中金所杯期货知识大赛；2014年银河股指期权仿真大赛

7. 每年4月和11月作为投资与保险系社团活动月，逐渐形成品牌

2014年4月和11月每个社团均组织相关专业性的社团活动，在社团活动月中，大家相互合作开展了一些颇有影响力的社团活动。同时也作为“天生我才”晚会的节目选拔活动月，经过系领导和各协会负责人的精心筛选，目前2015年“天生我才”晚会的节目已逐步形成。

(二)七大专业协会都开展了丰富多彩的社团活动，创建了自主开展专业实践基础平台

投资与保险系专业社团将相同兴趣的学生组织起来，有计划地开展专业实践活动，其常规专业社会活动可归纳为“三个一”，即举办一个沙龙、承办一项（或以上）竞赛、联系校外一片（社团或学生）。每个社团都有自己的品牌沙龙，定期举办并经常邀请行业、企业专家共同参与；每个社团都能走出去，与其他学校的相类似社团共同开展实践活动；每个社团都能代表系或学院开展一项以上的专业竞赛，808实践投资协会、理财协会还协助老师承办浙江省大学生投资理财技能大赛。投资与保险系通过开展一系列丰富多彩的社团活动，形成了学生人人参加专业社团（至少1个），人人在社团活动中获得快乐的良好氛围。

1. 理财协会

理财协会是投资与理财专业类协会的标杆。师资力量强大，涉猎面广，与泰隆银行、信达期货等金融机构保持长期合作，为喜爱理财和投资的同学提供了全新的第三课堂和实践基地。2013年至今开展的有代表性的活动主要有以下几个：(1)理财协会部分会员参加了郎咸平携手廖英强、韩云财富战略经济讲座。高端的场所、优雅的接待、犀利的言辞，同学们听取了金融界各位大师对证券、基金等金融领域的看法，与他们一起互动、共同探讨，同学们在学到专业知识的同时，更开拓了眼界；(2)理财协会在诚信讲学堂成功举办了“魅力信达，赢在期货”信达期货高校交流会。在场的同学们与信达期货的三位经理互相进行了讨论交流。这也是理财协会工学交替的项目之一。在本次活动过程中，同学们不仅汲取了专业的知识，而且还收获了前人宝贵的经验；(3)理财协会组织承办了“出国金融，畅享境外之旅”的主题讲座。活动邀请到工商银行的经理杨莉以及新通教育的专家为打算出国的同学介绍出国留学的相关知识和经验。本次讲座为同学们提供了一个专业的留学咨询平台，增加了大家对出国留学的了解；(4)理财协会成功举办了“信达期货模拟大赛”。通过这次比赛，真正实现了把课堂延伸到期货交易所的目标。这种实践性极强的课外活动不仅使同学们将理论知识学习运用于实际的业务操作，锻炼了学生通过运用所学知识来分析判断瞬息万变的期货行情的能力，也锻炼了学生承受市场变化和利益增减的心理承受能力，同时还提高学生的实践技能，为将来毕业走上工作岗位奠定了良好的基础。

为了方便同学们更多地了解理财知识，理财协会创建了理财广角，理财广角是理财协会2014年初最新布置的一个有利于会员们交流沟通理财知识的独立固定的场所。位于浙商发展中心一楼，周围的书架上有许多供大家汲取知识和最新的理财咨询，为大家提供最新的理财产品的信息。每周三下午也会有专业人员为大

家答疑解惑,理财广角为同学们创建了良好的沟通交流的平台。

理财协会的社团品牌沙龙为“谈财说理”,为喜爱理财和投资的同学提供了一个全新的第三课堂和实践基地。品牌沙龙活动给了大家一个特定的空间和时间,用来探讨与理财有关的各种知识,促进沟通与交流。

2.808 实践投资协会

808 实践投资协会成立于 2002 年 11 月,由浙江金融职业学院党委书记周建松教授亲自取名而来。“808”寓意丰厚:前之“8”谐音“发”意为投资发财,后面的“8”寓为事业发达。居中之“0”意为“理论与实践零距离”。808 实践投资协会从专业教学、学生实践和社会服务多方面进行了积极的探索,已成为实现专业教学与社会服务高度统一、教师的财务自由与事业进步有机协调、学生的课堂学习与专业实践活动相得益彰的平台。808 实践投资协会围绕学院教学目标,培养学生投资意识,帮助学生更多地接触现实经济金融活动,挖掘他们的投资潜力,传授证券投资及各种经济金融的知识理论,丰富了同学们的证券知识,提高了同学们的综合素质,丰富和促进了校园生活。2013 年至今开展的有代表性的活动主要有以下几个:(1)协会每年在新会员加入时都会开展新会员见面会,在见面会上协会指导老师黄海沧教授给所有新学员们进行股票知识讲座,通过股票知识讲座,大家对股票知识有了更进一步的了解;(2)协会开展了最强操盘手选拔赛,通过选拔赛,把在理财方面有爱好、有特长的同学选拔了出来,组成理财团队参加后续更高级别的比赛,增强了协会会员的积极性;(3)协会经常会安排会员参加一些学术会议,扩大会员的知识面,比如 808 实践投资协会应大越期货杭州营业部邀请前往萧山区参加了“胶合板、纤维板期货投资策略会”。活动的主题是推广大连商品交易所的两板期货,策略会的嘉宾有浙江大学教授郑加成和全国期货实盘大赛冠军傅爱民,他们分别就现在的国家宏观经济状况和期货市场交易策略进行了解析。此次活动使协会会员们开阔了知识面,同时也与此次活动的主办方大越期货公司建立了更良好的合作关系;(4)808 实践投资协会在新会员入会不久便组织会员开展新生志愿者“反假货币活动”活动。30 多位志愿者向社区居民和过往路人介绍如何识别假币,得到了社区居民的一致认可,同时也增强了协会会员的集体荣誉感。808 实践投资协会的学术沙龙——“最强操盘手”,通过定期开展学术沙龙加强会员之间的交流,让会员在与大家的一次次交流中不断提升自己。

3.保险协会

保险协会成立于 2001 年,“以诚信为天平,以保险为保障”是保险协会的宗旨。协会为对保险有兴趣的同学提供了一个平台,同时还帮助会员报名参加保险代理人考证。2013 年以来开展的有代表性的活动主要有以下几个:(1)保险协会每年在新会员加入时都召开新会员动员大会,该活动的目的在于让会员们更加了解保险协会,知道保险协会作用是什么,内部情况怎么样,指导老师的情况等等。使他们对协会有更具体的了解,同时也加强新老会员们的交流与沟通,从而让协会得以更好地运作;(2)保险协会定期开展以“保险知识我知道”为主题的学术沙龙活动。该活动的目的是让参加的同学能够从自己的角度去认识保险并讲述给他人听,也能够听取别人对保险的认识,多方面了解保险,从中得到更多的启示和发现。为将来的就业打下坚实的基础;(3)2014 年保险协会举办了保险职场达人秀活动。为了让同学们在课外时间能够继续了解保险,也为了充分说明“活在金院,动在社团”的理念,展现保险专业学生对保险知识的认识以及各方面的综合素质,保险协会举办了此次活动。保险职场达人秀总共有两个环节,一个是保险知识竞赛,让参赛者在比赛中运用到课堂上学到的知识;二是保险情景剧,情景剧内容一定要和保险有关,并且要积极向上。通过此次活动,一方面丰富了大家的业余生活,另一方面也增加了大家都保险知识的了解;(4)每年 5 月,保险协会都会组织开展“信泰杯”职场技能大赛。此次活动由学生会的学习部和保险协会共同主办。活动邀请投资与保险系专业老师作为评委,大赛分为两个流程。第一个流程是现象分享,各位选手选取了时下流行的题材,并且对此发表了自己的感想。第二个流程是晨会经营。参赛的团队各个自信满满,为大家展示了投资与保险系学生的职业活力,这项大赛是投资与保险系的一项常规大赛,已经成功开展了六届,在 2015 年投资与保险系准备把此次活动开展成为院级比赛,吸引更多的外系学生参加。以此来提高学生的职业素养,为后续的就业工作打下坚实的基础。

4.期货协会

期货协会成立于 2013 年,期货协会主要致力于让学生们了解期货,学习期货。2013 年以来开展的有代表性的活动主要有以下几个:(1)期货协会邀请信达期货的行业专家给会员们系统地介绍期货的原理及具体操作办法,通过此次活动,学生们更加了解期货的相关知识。期货对于很多学生来说是一个全新的行业,所以期货协会的培养目标是让会员们真正的理解期货;(2)2014 年期货协会积极承办第一届“中金所杯”全国高校大学生金融期货及衍生品知识竞赛。除此之外,期货协会还和瑞达期货合作开展了“高校精英”杯期货模拟大赛,通过开展一系列的专业竞赛,增强了投资与保险系学生学习的积极性,真正地把实践育人的理念落实到实处。

5.演讲与口才协会

演讲与口才协会成立于 2002 年,是一个集演讲、辩论、表演、主持于一体,旨在培养大学生语言综合运用能力的学术型社团,为学生以后步入社会打下基础。开展的代表性的活动主要有以下几个:(1)演讲与口才协会在每年新会员入会时都会召开师生交流暨动员大会。每次动员大会中协会指导老师和协会会长都对新会员的到来表示热烈的欢迎,同时也为协会注入新的血液而开心,加强新老会员们的交流与沟通,从而让协会得以更好地运作;(2)演讲与口才协会开展了"演讲与口才协会课程交流"活动。通过课程交流,会员们初步了解了辩论这方面的知识。协会的目标是,让每一个加入协会的学员们,能出口成章,自信满满,为将来的工作,生活奠定基础;(3)每年年底,投资与保险系演讲与口才协会均会开展"新生杯"辩论赛。开展"新生杯"辩论赛是为了组成一支强大的辩论队参加"金院杯"辩论赛和更高级别的比赛,2013 年投资与保险系演讲与口才协会派出投保系辩论队参加"金院杯"辩论赛一路过关斩将,最终投保系凭借有条理的陈述、锐利的言语和强大的气场蝉联辩论赛冠军。2013 年和 2014 年,在浙江省高职高专辩论赛中,投资与保险系学生和其他系学生一起连续两年蝉联冠军;(4)投资与保险系演讲与口才协会开展了表彰大会暨"五月 pa"青春派对。此次晚会的节目内容形式多样、丰富多彩。学生参与度极高,譬如展现学生厨艺的寿司大比拼、轻松愉快的游戏环节、精彩纷呈的表演展现了金院学子的青春活力,积极向上的精神面貌;(5)演讲与口才协会开展了浙江金融职业学院投资与保险系新生辩论比赛,此次辩论赛分为初赛、半决赛和决赛三场。每场比赛都有相应的辩题。选手们通过比赛都得到了很好的锻炼。

6.职业与技能协会

职业与技能协会以"服务同学、提升技能、促进就业"为宗旨。致力于提高学生银行技能水平(包括传票、点钞、五笔、反假币知识),是技能尖子诞生的摇篮、通向银行订单班的金钥匙。2013 年至今开展的有代表性的活动主要有以下几个:(1)职业与技能协会在每年的订单班招聘之前均会开展投资与保险系"指舞飞扬"技能尖子选拔赛,举办此次大赛的目的是发掘投资与保险系技能方面成绩优异的人才,激励投资与保险系的同学们重视技能,形成深厚技能练习的气氛。"指舞飞扬"技能尖子选拔赛有点钞、五笔、传票三个比赛项目,每次参与比赛的选手是投资与保险系大一大二对自己的水平有信心的学生,五笔和传票分 10 场进行比赛。参赛者们从准备时的紧张,到比赛时的认真沉稳,到比赛后的满意或遗憾,无不体现了投资与保险系技能爱好者们的严谨态度。经过公证的排名,每组成绩前 10 名的同学成功进入技能尖子班;(2)职业与技能协会在每年新会员入会时都会召开新老会员见面会。见面会首先是学长学姐认真地向新会员介绍技能的重要性和学习技能的相关技巧,虽然大家以前都不曾接触过技能,但是同学之间都互相帮助,促进彼此之间的成长,也让技能在这样积极快乐的氛围里得到传授。通过此次活动,让每个成员对技能方面有了初步的了解与认识;(3)投资与保险系职业与技能协会开展银行类职业技能大赛。举办此次大赛的目的是检验同学们技能的练习成果,并鼓励同学们在接下来的时间里不忘技能,勤于练习。此次技能大赛的比赛项目分别有点钞、五笔和传票,参与本次比赛的选手是投资与保险系大一和大二的部分学生。提升自我、超越极限,相信不久后的银行订单班的大门会向大家敞开,相信职业与技能协会能够培育越来越多技能方面的人才;(4)职业与技能协会选拔了一批技能尖子并开展了技能尖子开班仪式,技能尖子班的开班目的是将一批对技能有兴趣并且成绩优异的学员集中起来,致力于对相关资格证考试的考前培训以及对学校的技能认证提供帮助。专门开设传票、五笔、点钞尖子班。规定了每次技能尖子班的练习时间为每周四晚上 7 点到 8 点 40 分,技能协会的干事也会对尖子们进行严格的考勤管理;(5)投资与保险系职业与技能协会举办了职业与技能演讲比赛,参赛选手以 PPT 演讲的形式和大家一起分享学习职业技术的心得和对职业技能的那一份坚持,参赛选手轮流上台演讲。有的谈到自己在技能联系过程中遇到的困难,有的谈到对技能知识的认识。此次演讲比赛的成功举办不仅将该系的各个协会聚在一起,交流职业技能的重要性,而且对于该系学子的自身职业规划有较好的引导意义。

7. 创业投资协会

创业投资协会成立于 2010 年,原名创业者协会,是由本院志愿从事创业的学生组成的校园团体,在院团委的指导下开展活动,旨在培养大学生创新创业意识与能力,是加强与企业和兄弟院校学生交流的具有鲜明特色的大学生组织。2013 年以来开展的有代表性的活动主要有以下几个:(1)创业投资协会定期进行学长学姐交流会活动,活动均是邀请已经从学校毕业的学长和学姐来和同学们分享创业或者就业经历。每场交流会结束后会员都表示对未来就业方向更加明确,对自己的目标更加坚定;(2)创业投资协会每年在新会员入会时都会召开新老会员见面会。每次会议上协会指导老师和协会会长均向大家介绍学会的具体情况,新老会员见面大会的顺利召开,使创业投资协会未来主要工作得到进一步明确,也加深了新会员对协会的信任。这意味着创业投资协会未来会取得更好更快的发展;(3)创业投资协会同院职业技能协会联谊。大家在活动中与社团共同成长、共同进步、相互扶持,相信对于每一个创业投资协会的会员来说都是人生中的一笔珍贵的财富;(4)创业投资协会邀请新东方的老师开展了英语考级讲座,大家都认真听讲。“以此为生,当精于此道,寓教于乐”。枯燥的单词、句型语法,在老师的幽默教学下让同学们能开心快乐地记住。

总之,如何让学生能自主地、有组织地参加专业实践活动,是实践育人是否成功的关键。学生社团是学生的自发性组织,与投资与保险系专业背景紧密相关的学生专业社团,是学生自主开展专业实践的良好平台。

(三)建立实践育人考核激励机制,保证育人成果的多样性和实用性

与实践育人的教育理念相适应,对实践育人成果的评价应以促进学生发展为目标,应该是多样化、个性化的,应能通过多种渠道、采取多种形式,在不同学习情境下,考查学生掌握知识和应用知识的水平和能力,这种形成性的评价就是发展性评价。它强调评价内容的多元化,注重考查学生综合素质的发展,关注学生创新精神和实践能力的发展,对学生在学习过程中所表现出来的情感、学习策略、合作精神等因素进行全面的综合评价,而不仅仅是关注学生的学业成绩。投资与保险系尝试使用多种方法对育人成果进行评价。

1.投资与保险系在每学期末定期开展投资与保险系优秀社团评比,加强协会之间的竞争和交流

根据《浙金院投资与保险〔2014〕6 号(推进社团育人若干意见)》文件精神,2014 年 6 月和 12 月,投资与保险系分别开展了优秀社团评比活动,评比采用 PPT 答辩和社团导师、协会会员打分等综合评比方式。2014 年 6 月演讲与口才协会获得优秀社团评比一等奖,理财协会、808 实践投资协会获得优秀社团评比二等奖,其他协会均是三等奖;在 2014 年 12 月的评比中,演讲与口才协会获得优秀社团评比一等奖,理财协会、期货协会获得优秀社团评比二等奖,其他协会均是三等奖。根据系部相关规定,优秀社团一等奖给予 500 元的奖励,二等奖给予 300 元的奖励。通过优秀社团评比有效地激发了各社团的积极性,同时也加强了各协会之间的交流与合作。

2.开展了“天生我才”专业毕业主题晚会,综合展示与检验了实践育人的成果

2013 年 6 月和 2014 年 6 月,投资与保险系分别开展了“天生我才”专业毕业主题晚会,该晚会围绕“友情、爱情、师生情、投保情”的毕业情感主题。在晚会上,各位领导和嘉宾对前期在各类比赛中获奖同学进行了表彰。接下来各社团给在场的观众带来一场别开生面的视听盛宴。晚会加强了投资与保险系毕业生的归属感,同时为投资与保险系后续的校友工作奠定了一定的基础。投资与保险系已经连续两届在毕业生返校时开展“天生我才”晚会,每次晚会上的大部分节目均由投资与保险系专业学生社团选送。通过开展这一活动,一方面丰富了校园文化生活,加强了在校学生的专业素养,另一方面扩大了投资与保险系在学院的影响力。

3.以社团育人为载体,连续两年积极承办了浙江省大学生投资理财技能大赛,重点检验学生的专业实践能力

2013 和 2014 年度,投资与保险系均承办浙江省大学生投资理财技能大赛。

浙江省大学生投资理财技能大赛由浙江省教育厅主办,浙江金融职业学院投资与保险系承办,浙江证券业协会、浙江期货协会、浙商证券股份有限公司协办。浙江省投资理财技能大赛是对学生投资理财专业综合素养的一次全面检阅,是学生专业水准的一次检验,也是投资与保险系实践育人成效的重要体现。

投资与保险系学生基本都参加了浙江省投资理财技能大赛,并且在大赛中取得了优异的成绩。通过举办浙江省大学生投资理财技能大赛,不仅加强了大学生进行投资理财意识和能力的培养,还为大学生提供展示自身才华的平台。在比赛过程中能够提高专业知识,增强科学理财观念,并且将理论教学与实践教学有效结合在一起,使学生在实践中能及时发现不足,激励和引导学生练好理财技能、学好专业知识、提高职业素质等具有积极的意义。大赛的承办是投资与保险系实践育人成果的重要体现,同时也重点检验了学生的专业实践能力。投资与保险系将继续加强校企合作,争取把实践育人工作做得更好。

四、实践育人取得的成效

1.开展的“天生我才”专业毕业主题晚会围绕“友情、爱情、师生情、投保情”的毕业情感主题,加强了毕业生的归属感,为后续的校友工作奠定了一定的基础。大部分节目由投资与保险系专业学生社团选送,丰富了校园文化生活,加强了在校学生的专业素养,扩大了投资与保险系的影响力。

2.建立了投资与保险系社团育人的长效机制,每个专业社团都以“一个品牌沙龙(拓展深化专业知识)、(主办或协办)一项专业竞赛(将专业知识理论转化为实践能力)和联系校外一片(扩大影响力和社会服务,培育“叫得响、走得出去”品牌)”为依托,逐渐形成了各自的品牌活动。

3.以社团育人为载体,积极承办了2014年度浙江省大学生投资理财技能大赛,扩大了学校的知名度。本系学生在此次省级大赛中获得了优异的成绩。

4.充分发掘了演讲与口才协会的潜力,本系学生在浙江省大学生辩论赛(高职组)中取得了优异的成绩。

5.学生竞赛成果显著。为了鼓励学生参加各类比赛活动,投资与保险系专门制定了学生竞赛奖励办法,参赛学生和指导老师在校级以上平台上获奖的,除了学校的奖励以外,系部再依照文件进行奖励,并且给学生综合测评适当加分,起到了很好的激励效果。2014年度在浙江省省级以上各类比赛中投资与保险系有43人次学生获奖。

五、下一步的实践思考与展望

为了巩固实践育人，投资与保险系在2015年积极申报院级育人项目，已经提交了以“立足‘两赛一会’，深化推进以专业社团为载体的实践育人体系建设”为题的项目申请书。2014年申报的“天生我才”实践育人——以社团育人为载体的学生成长专项课题，按照计划开展了一系列丰富多彩的活动，特别是成功开展的浙江省投资理财技能大赛、浙江金融职业学院第六届职场技能大赛两个专业类竞赛项目和天生我才毕业生晚会(简称：“两赛一会”)取得了很好的效果，充分展示了投资与保险系实践育人的理念。同时，充分说明了学生活动可以建立在专业上，这样一方面丰富了大家的校园文化生活，另一方面加强了在校学生的专业素养，扩大了投资与保险系在学院的影响力。2015年，投资与保险系将继续做大做强“两赛一会”，深化推进实践育人，以此来提升学生专业综合素质。具体思考和展望有以下几个方面：

1.继续培育投资与保险系808实践投资协会、保险协会、理财协会、演讲与口才协会、创业投资协会、职业与技能协会、期货协会等七个学生社团，深化以“一个品牌沙龙(拓展深化专业知识)、(主办或协办)一项专业竞赛(将专业知识理论转化为实践能力)和联系校外一片(扩大影响力和社会服务，培育“叫得响、走得出去”品牌)”为主要内容的实践育人工作机制；

2.2015年1月5日，投资与保险系与同花顺股份公司签订了校企战略合作协议，2015年与上市公司同花顺共同设计和开发浙江省投资理财技能大赛平台，继续承办浙江省投资理财技能大赛，通过平台建设，扩大省级大赛的影响力，提高大赛的稳定性、安全性，维护大赛公信力和权威性，积极鼓励在校学生参加，争取在2015年的大赛中取得更好的成绩。

3.继续开展第七届浙江金融职业学院职场技能大赛，优化大赛流程，在2015年投资与保险系准备把此次活动开展成为院级比赛，吸引更多的外系学生参加。以此来提高学生的职业素养，为后续的就业工作打下坚实的基础。

4.2015年6月继续开展“天生我才”毕业生晚会，2013年和2014年成功开展的两届晚会取得了很好的效果，2015年晚会继续围绕“友情、爱情、师生情、投保情”的毕业情感主题，加强投资与保险系毕业生的归属感教育。在晚会中继续对实践育人中涌现的先进集体和个人进行表彰。

5.争取学院团队和系部领导大力支持，调整与整合系团总支学生会学生自我教育、自我服务组织，加强对学生社团联合会、实践育人各载体学生负责人的考核与评比，形成由系领导直接参与、学生为主体的实践育人领导机制。

六、结　论

实践育人对于教育的重要性自古以来就得以认可，但在实际运行中却一再被忽视，这有较为深层次的理念原因——我们传统教育中侧重于课堂知识的传递。要改变这一格局并不容易，尤其是对于文科类专业。文科类专业往往受专业知识特征、实践要素、产学合作机制因素的制约。浙江金融职业学院投资与保险系深刻分析保险实务和投资与理财两大专业所服务行业、产业的大背景，领会岗位人才特点，坚持“实践育人导向”，形成起以“技能先导”和“实践贯穿”为核心内容的人才培养方案，构建实践主导型人才培养模式，形成完善的专业实践育人体系。

人才培养首先是一种理念，什么样的理念，将形成什么样的人才培养模式。遵循“实践育人导向”，就能在顶层设计中构建起全新的人才培养方案。实践育人不是简单地增加实践内容、课时或渠道，而是一项复杂的系统工程。在这个工程中，核心在于四个方面的因素：学生主动、教师全导、内容充实、激励有效。即学生能自主积极地参加专业实践，能激发专业学习的兴趣；教师能全程参加并指导学生的专业实践活动；专业实践有丰富的内容，特别是能跟课程教学、社会调研、专业竞赛等活动相结合；专业实践有优秀展示的平台，有表现活力的舞台，能对学生产生强大的吸引力，来引发学生专业实践的激情。总之，坚持实践育人导向，充分围绕上述四个因素来解决专业实践问题，相信可以形成适应专业、区域、行业特色的人才培养模式。

会计系"基于职业发展教育的高职学生生涯规划工作'金钥匙'工程"实践项目研究

高职院校作为我国高等教育的重要组成部分，是培养技术技能型人才的重要教育类型。由于高等职业教育发展的特点，高职院校学生在完成学业过程中需要依据其实际情况进行有效的管理，如何让学生能够有一个发展目标，如何让他们能按照自我发展目标进行管理，这是职业院校学生生涯教育的重要内容。当今社会的快节奏发展，以及近些年大学生扩招，使就业压力增大，使得大学生的职业生涯规划教育势在必行，这也成为目前高校毕业生就业指导工作必须予以重视和关注的一个问题，同时也是学生就业问题中带有根本性、长远性的一个问题。

一、"金钥匙"工程的理论支撑

教育部《关于全面提高高等职业教育教学质量的若干意见》(教高〔2006〕16 号文件)指出："要全面贯彻党的教育方针，以服务为宗旨，以就业为导向，走产学结合发展道路，为社会主义现代化建设培养千百万高素质技能型专门人才，为全面建设小康社会、构建社会主义和谐社会做出应有的贡献。""高等职业院校要坚持育人为本，德育为先，把立德树人作为根本任务……要针对高等职业院校学生的特点，培养学生的社会适应性，教育学生树立终身学习理念，提高学习能力，学会交流沟通和团队协作，提高学生的实践能力、创造能力、就业能力和创业能力，培养德智体美全面发展的社会主义建设者和接班人。"《国家中长期教育改革和发展规划纲要(2010—2020 年)》指出："职业教育要面向人人、面向社会，着力培养学生的职业道德、职业技能和就业创业能力……满足经济社会对高素质劳动者和技能型人才的需要。"

职业发展教育是职业指导在高校环境中的应用，是将生涯教育的理论与方法运用于学生工作实践，帮助学生全面地认识自我特质，了解工作世界，明确个人发展方向，确立大学生涯发展目标，促进学生成长成才。

生涯教育发端于20世纪80年代末的美国，90年代初引入我国。庄子说“吾生也有涯，而知也无涯”，生涯即人的生命历程，包含与个人生活、工作有关的所有活动。职业生涯是指一个人一生的职业经历，即一个人一生连续从事的职业和工作职务的发展道路。结合我国高职院校的实际来看，我国高职院校的职业生涯教育，既不能套用“舶来品”，即发达国家的教育理念和生涯设计思路，也不同于已经开始职业生活的从业人员以及接受基础教育的学生等其他人群，它必须符合国情，符合职业教育的培养目标，符合“以服务为宗旨，以就业为导向”的要求。

职业生涯教育的理论基础是“人职匹配”，认为不同的职业对从业者个性特征、人格类型有特定的要求，兴趣、性格、能力等特征对工作影响很大，符合职业要求的从业者成功的可能性大。在应用时，不但把这一理念用于用人单位通过测试应聘者来选择雇员，而且通过测试帮助择业者了解自己的特征，并以此为依据去选择适合自己发展的职业。结合我国职业生涯教育的实际情况，其特点是必须面对就业难的职业生涯教育；是专业定向后的职业准备阶段的职业生涯教育；是必须把个人发展与经济社会发展联系起来的职业生涯教育；是引导学生走向成功、形成正确成才观和动力机制的职业生涯教育；是强化时间观念、形成终身学习理念的职业生涯教育等（将乃平，2005）。

职业生涯教育的重要内容是职业生涯规划，学生在掌握职业生涯规划基础知识和方法，形成职业生涯规划能力的过程中，潜移默化地接受职业意识、职业理想、职业道德和职业观、择业观，提高职业素质和职业能力的自觉性以成功者的心态，积极做好适应社会、融入社会的准备。下面从学生、教师及学校等主体来阐释职业生涯规划对于职业生涯教育的价值和意义（黄尧，2009）。

对学生而言，进行职业生涯教育的过程，是学生在了解自己、了解职业、了解社会的基础上，制定符合经济社会发展需求的个人发展规划的过程，是学生恢复自信、树立理想、形成动力的过程，是学生依据职业对从业者素质要求调整自我、提高自我、适应职业岗位的过程，是学生为走向社会、为今后可持续发展做准备的过程。

对教师而言，对学生进行职业生涯教育的过程，是把职业意识、职业理想、职业道德以及就业观、择业观、创业观、成才观教育融为一体、分步推进的过程，是调动学生主动参与、实施成功教育的过程，是对学生大面积指导和个别帮助相结合的过程，是和学生“零距离”接触，了解学生，教学相长的过程，是让学生真切感受到教师是指点人生导师的过程，是教师点燃学生心灵深处火花，启发学生内在动力的过程。

对学校而言，推进职业生涯教育，组织职业生涯规划有关活动的过程，是学校形成德育整体合力的过程，是展开针对性强、富有职教特色德育实践活动的过程，是进行爱国主义教育，弘扬民族精神的过程，是引导学生主动提高自身素质，融入社会、适应社会、报效社会的过程。

2014 年学院主要工作第一条中提到生涯教育，通过素质养成、卓越培养和生涯教育相融合，培养优秀职业人，在招生就业工作中也强调了开展学生职业生涯教育。根据社会的形势和学院工作重点，会计系在原有工作的基础上系统设计了此项目。本项目将职业规划教育指导作为高职学生人生指导的重要组成部分，提升学生整体素质和能力，为学生未来事业发展奠定基础；指导学生设立职业生涯发展的短期、中期、长期计划，在思想品德、专业知识、基本技能、职业能力和心理健康等多方面进行培养和塑造，促进学生全面发展；帮助学生实施职业规划短期计划，提高学生的自我评价能力、职业信息的收集能力和理性决策能力等综合能力。

二、“金钥匙”工程的实施

“金钥匙”项目在人才培养视角下进行认识与谋划，以社会主义核心价值观为引导，以培养学生学习和成长的主体性为主要目标，运用职业发展教育理论与方法，帮助学生了解个人职业特质与社会需求，明确个人职业发展方向，确立大学生涯发展目标，制定和实施大学生涯规划，实现提高学生综合素质和促进学生成长成才的目的。鉴于此，会计系根据学生年级的不同将给予不同层次的指导。大一新生主要是帮助他们发现自我，指导他们尽可能地了解自己的特长、兴趣爱好、价值观、性格等方面，为将来设定职业生涯目标及策略打下基础；大二上学期学生主要是帮助他们扩展职业生涯的平台，集中精力积累坚实的专业知识，同时从学习的过程中逐步了解自己的专业及适合的工作岗位，鼓励其收集和探索职业发展领域的信息；大二下学期主要是帮助他们有侧重的发展自身，综合多方面信息集中职业选择并努力获得相关的职业证书，同时强化职业实践能力及职业道德素质；大三学生主要是帮助他们调整好心态，进行就业前的各种模拟演练，努力抓好每一个环节以提高学生的成功概率，最终实现优质就业。

(一)设计《千日成长个人发展手册》，帮助一年级学生全面了解个人特质和工作世界

结合学生情况设计了《千日成长个人发展手册》，组织 2014 级全体学生填写手册，依托手册开展系列认知活动。《千日成长个人发展手册》是帮助同学们探索自我职业特质的载体，是大学生涯规划的重要组成部分。其目的是帮助同学们确立大学生涯发展目标、合理规划大学生活、促进同学们成长成才。

自我发展活动是以帮助同学们完成大学生涯规划为目的的一系列活动。很多同学未意识到探索和了解自我特质的重要性，也缺乏对专业知识和行业需求的了解。同学们进校后，就应该明确个人未来职业发展的方向。根据发展方向，确立大学生涯发展目标（如直接就业、升学和自主创业）。同学们要确立自己的职业发展方向，首先就要了解个体职业特质（知己）、了解专业知识和行业需求（知彼），才能够科学合理地确立大学生涯发展目标。正确确立个人大学生涯发展目标，才能激发同学们学习和成长的原动力，增强同学们自我发展的主动性。

由于对个人特质、专业和行业需求缺乏了解，在大二下学期即将进行订单招聘，同学们会出现一些盲目跟风的现象；对就业、升学、创业等方面，也容易出现很多困惑；在毕业就业时，选择什么样的行业、组织类型、职位、工作地点等方面，也会感到茫然和不知所措。会计系开展的职业发展系列活动，就是要帮助同学们掌握自我探索、了解专业和行业需求的理论和方法，切实解决同学们在校期间学习和发展的各类困惑和问题。本手册将通过一系列科学有效的评估手段，帮助同学对自我职业特质有一个清晰、全面的了解。手册中收录了职业兴趣测验、职业价值观、卡特尔 16pf 测试、大五人格等测评工具，同时也为同学们简单介绍了职业规划的流程和基本知识，提供了时间管理和自我管理的工具，相信这些内容会对同学们的成长和发展起到有益的作用。

新生入学教育时期是开展职业生涯教育的最佳时期，开展新生适应、自我认知等主题调查，确保分类指导的有效性。通过《千日成长个人发展手册》主要帮助学生了解社会职业的基本知识，了解所学专业以及相应的职业适应范围；指导学生进行职业兴趣、职业能力、职业倾向的测试，了解自己的心理、性格特征和与之相对应的职业适应范围；指导学生了解所学专业的发展方向，确定未来个人的职业目标。成立朋辈互助小组，首先将本年级相同兴趣爱好的学生分成 10 人左右的自我发展互助小组，针对学习和成长中的困惑进行相互交流和讨论，举办小组活动分享会。再通过学长讲堂与班助朋辈导航活动，开展学生自我发展系列活动等。

（二）以专业认知为重点，分类指导为特色，帮助二年级学生探索职业发展方向

1. 开展调查研究，确保分类指导的有效性

组织三个年级分别开展关于新生适应性、学习动力、专业选择意向、职业选择意向的发展愿景调查，切实掌握学生学习、发展等各方面情况，确保分类指导建立在符合学生实际情况的基础上。其中，二年级此阶段学生已经进入了专业学习阶段，通过组织职业测评，2013 级全体学生接受职业能力、职业兴趣、卡特尔 16 种人格因素（16PF）和职业价值观四项网上职业测评，对测评数据进行了研究和分析。

通过专业教育和专业讲座方便同学们了解各专业的师资力量、培养目标、专业前景、社会需求、校友职业发展通道等。邀请12位高年级学生进行专业选择经验分享；邀请优秀毕业生与2013级学生交流学习经验。

在职业规划的制定和实施上，从比例图可看出，有84%的学生制定过目标，但是只有20%左右的同学实施了。说明同学的执行力还是比较薄弱，无法按照对自己的期望和要求行事。

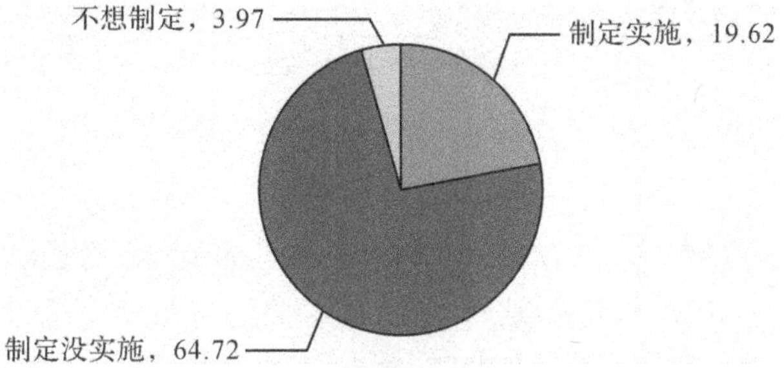

图1　职业规划制定与实施比例

关于就业平台关注上，51.57%的同学认为是校园大型招聘会；36.12%的同学认为是学校订单班；3.38%的同学希望系部提供校外招聘；只有6.05%的同学希望得到辅导员建议。

当遇到职业困惑时，选择向朋友求助的占比最高，有60.54%；选择向家人求助的有55%；选择求助专业课老师和辅导员老师只占27%左右；而选择求助班主任的只有19.62%。可见，在职业困惑求助对象中，学校的老师、辅导员、班主任在学生的选择中，还是居于比较靠后的地位的。

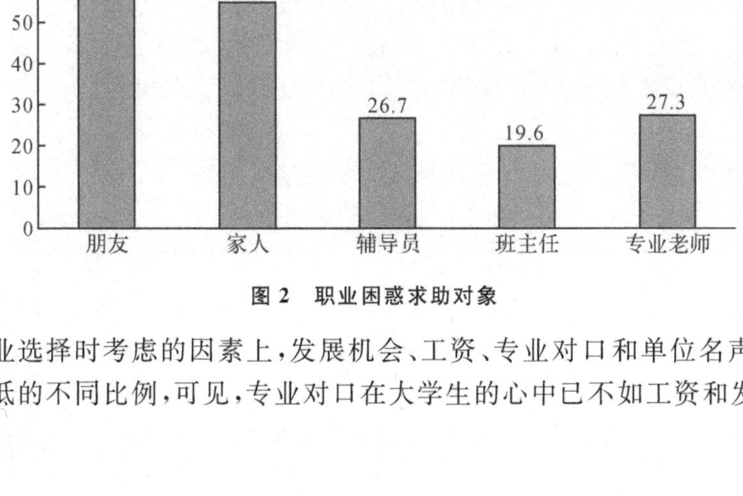

图2　职业困惑求助对象

在就业选择时考虑的因素上，发展机会、工资、专业对口和单位名声分别呈现出由高到低的不同比例，可见，专业对口在大学生的心中已不如工资和发展机会来的重要。

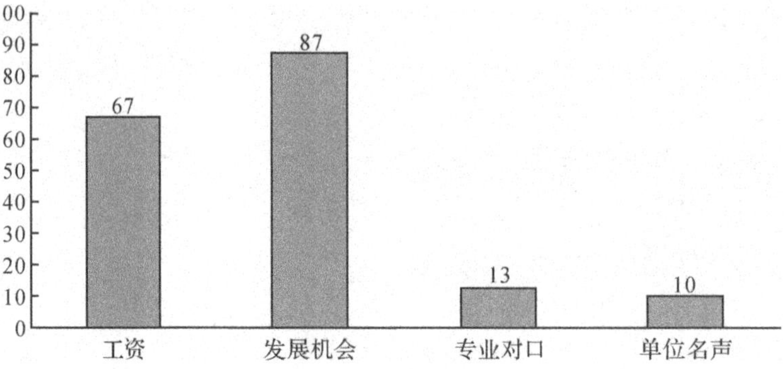

图 3　影响择业因素

结合学生的专业发展方向，职业发展目标学习专业知识，增加和选修有关课程，培养专业技能，完善合理的知识结构，并开展创业教育，帮助学生掌握创业的基本知识。通过教学实践、社会实践等项目提高学生自身的综合素质和职业素养。开展职业生涯规划大赛、简历制作大赛、模拟招聘大赛、职业礼仪培训等活动，增强学生的职业能力。

2. 通过社会实践和实习，开展“生涯规划看‘大家’”项目

组织社会实践和实习：2013 级 530 人分批次参与暑期社会实践，走出校园、深入社会环境了解工作世界和社会需求，参加了各种企业实习活动。进行生涯人物访谈，成立班级职业生涯人物访谈团队，采访了企业高管和优秀校友，编写了《生涯规划看“大家”》案例集。

（三）建立“职业类型五因素定位”指导模型，指导三年级学生理性选择职业

帮助三年级学生明确职业目标和职业取向，做出短期、中期和长期的工作和学习计划，通过一对一的讨论分析，对其中某些规划的不足提出合理化的建议，明确本阶段的职业规划目标，才能使学生调整实习初期不稳定的心态，学会独立思考，独立判断，学会承受与忍耐，乐观自信地朝着规划的目标坚定地前行。在学生充分了解自我职业特质、社会需求和清晰认知专业的基础上，指导学生依据以下五个维度，理性地进行职业选择定位，明确自己的职业发展类型。

调查数据显示，认为现在就业形势严峻的同学占 74.81%；认为形势较好就业容易的同学占 6.55%；认为形势一般的同学占 15.87%；不清楚的同学占 1.76%。

学生的期待薪水也趋于理性，对第一份工作薪水每月的最低要求 1500 元以下的同学，占 6.30%；1500 至 2000 元的同学，占 53.15%；2000 至 3000 元的同学，占 33.75%；3000 至 5000 元的同学，占 7.05%；5000 元以上的同学，占 0.25%。

当提到寻找工作时，认为发展前景比较重要的同学有 312 位；认为行业比较重

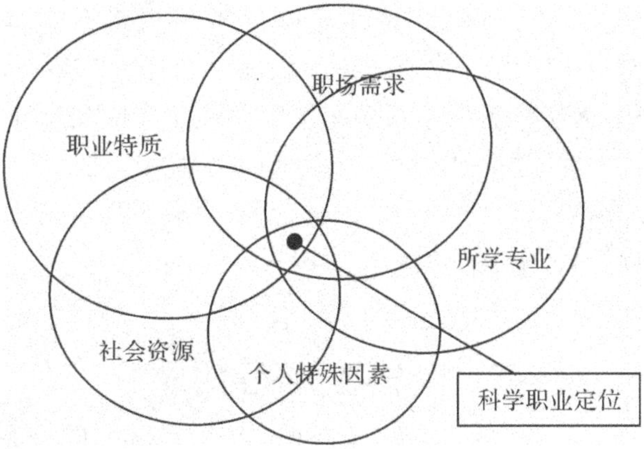

图 4 "职业类型五因素定位"模型

要的同学有 226 位；认为地域比较重要的同学有 212 位；认为工资及福利待遇比较重要的同学有 251 位；认为具体供职单位比较重要的同学有 162 位。

赞同先就业后择业，先找工作再跳槽的同学占 67.00％；赞同先择业后就业，一步到位的同学占 31.99％。

自己希望去的地域是杭州地区的同学，占 40.55％；除杭州外的浙江省内其他地区的同学占 31.23％；其他东南沿海发达城市(上海、深圳、广州等)占 5.79％；北方大城市的同学占 0％；中部地区的同学占 0.25％；西部地区的同学 0.25％；回家乡，(浙江省内学生不填此项)占 11.84％；无所谓的同学占 6.55％。

以上数据说明，大部分同学认为当前就业形势较为严峻，会选择先就业后择业，但也有 31.99％同学仍坚持认为先择业后就业，争取一步到位。这种就业理念尚需进一步提高。同时，因为会计系 2011 级学生绝大部分是本省生源，所以大部分同学都会选择本地就业，不愿意去其他省或中西部地区就业，这种就业观念，需要教师进行有效引导，帮助学生理性择业。

(四)通过职业咨询分类指导帮助全系学生制定和实施大学生涯规划

1. 共性和个性相结合强化个体职业咨询，帮助学生制定和实施大学生涯规划

利用师资团队强化个性职业咨询服务和共性辅导，主要对学生进行就业政策、法律法规、就业技巧等指导。引导学生根据就业形势、就业政策、合理调整就业期望值，选择好第一份工作。同时为学生提供就业信息，指导毕业生准备自荐材料的制作，做好求职应聘的准备。同时通过专题讲座的形式，介绍就业形势、就业政策、就业程序与方法、创业知识以及求职应聘的方法技巧。

2. 提供精细化服务，帮助学生评估和修正个人大学生涯规划

2014—2015 学年第一学期，组织 2013 级学生撰写求职简历，收集整理学生简历 530 份，建立学生简历信息库。帮助每位学生评估分析在校两年学习成效，找出现实状况和目标的差距，适当调整其成长计划，为学生提供精细化服务。以校庆为契机，邀请各界优秀校友回系部参加“校友话人生”系列活动，增进同优秀校友的密切联系，形成“以优培优”的良性循环教育模式。

三、“金钥匙”工程的成效

（一）2014 届毕业生就业率和签约率高

通过前期努力和有效的指导，从育人品牌立项以来，会计系集中对大三在实习的学生进行动态跟踪，通过电话、短信、QQ、微信等平台开展分类指导。对已经实现优质就业的学生进行职业发展和职场应变能力指导，对未落实就业的学生进行职业选择指导和心态调试辅导，最终实现 2014 届毕业生就业率和签约率均达到 99%，被学院评为就业先进集体。

（二）学习主动性增强

会计系通过三个年级有计划有针对性的生涯指导，每个年级学生对本阶段的重要任务有了明确的目标，能够合理规划每个学期的学习生活，学习的积极主动性明显增强。

（三）学生综合素质提高

2014 年会计系学生在目标引领下，合理规划自身的学习、工作，积极参加各级各类学科竞赛和素质提升大赛，取得了优良的成绩。2014 年共有 10 人次获得国家级技能与学科竞赛奖项，54 人次获得国家级评奖评优，44 人次省级技能与学科竞赛获奖，综合素质不断提高。

（四）职业选择理性增强

通过一、二年级职业能力、职业兴趣和专业前景、社会需求、校友职业发展通道等内容的测评和普及，会计系学生对自我认知和职业认知水平不断提升，在进行职业选择时理性增强，减少了在订单招聘和自主择业过程中的盲目性。

(五)职业规划大赛成绩突出

2014年6月,会计系成功承办了院第六届职业生涯规划大赛暨浙江省选拔赛。推选出六位同学参加10月31日由浙江省教育厅主办、浙江省高校毕业生就业指导服务中心和浙江师范大学共同承办的第六届浙江省大学生职业生涯规划大赛,他们凭借着出色表现和超强实力包揽高职高专组的一、二、三等奖各两项,充分展示了金院学子优异的综合素质和良好的精神面貌。

四、“金钥匙”工程的展望

本项目的实施虽取得了一定成效,但也还存在着一些需要改进和完善的方面。

(一)需进一步建立健全学生职业能力提升与就业帮扶计划

就业是民生之本,对就业困难学生展开帮扶工作不仅关系到学生本身的成长成才,关系到学生背后家庭情况的改善,也关系到学校的发展和稳定。

1. 建立制度

(1)建立健全学生就业能力提升工作制度。随着职业教育办学规模不断扩大,高职院校学生的就业面临着越来越大的挑战,社会对从业者的素质提出了更高的要求。社会上人才的竞争日趋激烈,要想提高学生主动适应社会需求的能力,就业指导就显得尤为重要。而现行的就业指导主要是政策宣讲、就业动员、帮助学生联系就业单位、介绍求职面试技巧和办理相关就业手续等传统的“以就业工作为导向”的指导,很难提高学生的就业能力和就业质量。从高职院校角度而言,提升学生就业能力,服务于区域经济,服务于企业,服务于学生显得尤为紧迫,因此必须探讨提升学生的就业能力的有效途径。

(2)建立就业困难学生档案。高校毕业生就业困难群体主要是指在日趋激烈的就业竞争下,部分有就业意愿,但由于社会、学校、专业、家庭、就业环境以及自身的原因,导致竞争力较弱而无业可就群体,或者那些处在感到就业困难心理状态的群体。我们需要分门别类地对这些同学建立档案,进行帮扶。

2. 组建队伍

(1)成立以系党总支副书记、学工办主任、辅导员、班主任为主导的教育团队,加强对学生的就业指导;(2)加强对会计系学生会就业指导与服务部、女生部、班级就业信息委员等学生干部队伍工作能力的培养。

3. 举办活动

(1)举办"千人礼仪班"活动,邀请学院礼仪教研室教师、院系学生会礼仪队成员,定期对学生进行职业礼仪指导培训;定期举行演讲、礼仪、面试技巧等方面的视频观摩活动;(3)面向学生开展模拟面试、简历制作大赛、一分钟自我介绍训练和就业心理辅导活动;(4)面向三年级学生开展"就业形势讲座"、单位就业一对一辅导、实习情况跟踪调查等工作。

(二)需进一步加强对学生职业生涯规划的指导

目前,虽然大学生职业生涯规划的问题越来越受到各高校的重视,但真正普及的面还不够广。第一是理念的灌输与普及。首先是学校自身要认识到职业生涯规划对大学生发展、对学校发展的重要性,并把它作为实实在在的工作来开展,而不是流于形式或者为了完成任务。其次是就业指导中心要做好宣传和教育的工作,让学生主动地、热情地、负责地参与到自己的生涯规划活动中来。第三是合理安排时间。从目前大学生职业生涯规划的时间安排不合理来看,解决的关键是要有针对性地进行。不同年级确立不同的目标,并开展不同的指导。三年级时,力争使学生了解社会需求情况,掌握一定的求职技巧,利用多种渠道收集与就业相关的信息,初步确定自己长期发展的职业目标,可用的途径有开设职业生涯规划辅导课、邀请社会上不同行业的人士来校介绍本行业的发展趋势和对人才的要求等等。第四是开发一套适合大学生的职业生涯规划系统。大学生群体的特殊性决定了他们进行职业生涯规划的特殊性。因此,高校就业指导中心有必要选择专业化的评价工具,或者可以凭借内部专业人员的力量进行开发,或者联合外部的测评机构共同开发。大学生职业生涯规划系统工具的开发是一项具有重大实际意义的工作,需要开发者从大学生自身的特点出发,注重专业性、实践性和经济性的结合。第五是建立高素质的专业指导队伍。一方面可以加强对就业指导中心教师的专业技能培训,使他们掌握职业生涯规划的知识和程序,往专业化的方向发展;另一方面,通过引进专业人士来加强师资队伍建设。

(三)需进一步打造"三结合"育人团队,引领学生成长成才

打造一支业务精湛的高职育人团队,是有效实施高质量育人工作的重要保证。根据全方位育人的标准,构建"三结合"育人团队,是师资队伍建设的创新和提升。专业造诣深和辅导经验丰富的专业教师是学生专业知识提升的传授师,企事业单位工作经验丰富的行业兼职教师是学生职业能力培养的训练师,从事学生管理与思想教育的辅导员、班主任及素质课程教师是学生素质养成的培养师。通过整合三方资源,体现教师各自所长与优势,互学、互通、互帮,形成共同育人合力,有利于

充分发挥师资队伍在学生职业知识积累，职业能力提升和职业素质养成中的积极作用，推进项目制教学改革，提高育人水平。“三结合”育人团队建设是培养高技能高素质实用人才的基本保证。

(四)需进一步实施“千日成长”工程，深化“两全”育人

“千日成长工程”是一个形象比喻，它从当前高职教育三年学制特点出发，以学生从学到毕业约一千天时间为基础时限，将学校组织发动、平台搭建、举措设计、全员参与等育人行为，设计成一个贯穿从始业到就业的全程育人平台，构成立体化的育人“工程”。它以培养高素质技能型实用人才为目标，以开展学生专业深化、品德优化、能力强化、形象美化的活动为载体，通过全员性和全方位性的系统设计，形成素质教育与成长成才协同发展机制，强调一年级注重学业生涯规划，开展公民素质教育和明理教育，引导学生明学理、德理、事理、情理，成就学校“学子”；二年级突出职业能力培养和职业生涯设计，提高职业技能，深化专业知识，培养职业能力，做好院(系)“学友”；三年级以培养行业“学徒”为目标，注重实践能力、创新意识的培养，提高学生专业运用能力。以此为理念，编写《千日成长指南》，引导学生有计划有步骤地管理好每一日的学习与生活。开展“336”成长活动，即3赛：专业技能大赛、生涯规划大赛、创新创业大赛；3节：素质拓展节、班级文化节、学子风采节；6“千人”：千人技能赛、千人实践团、千人礼仪班、千人演讲会、千人运动会、千人拓展营。活动体系相互融合，体现个性和共性，注重对学生的普及和提高，贯穿在校成长三年。

经营管理系“四个一”创新创业实践育人工作品牌项目研究

《国家中长期教育改革与发展规划纲要（2010—2020）》指出，要“创新人才培养模式。适应国家和社会发展需要，遵循教育规律和人才成长规律，深化教育教学改革，创新教育教学方法，探索多种培养方式，形成各类人才辈出、拔尖创新人才不断涌现的局面”。教育部等部门《关于进一步加强高校实践育人工作的若干意见》，要求“把实践育人工作摆在人才培养的重要位置”，将高校实践育人工作提到一个新的高度。其中在深化实践教学方法改革方面，“要加强大学生创新创业教育，支持学生开展研究性学习、创新性实验、创业计划和创业模拟活动”等。教育部印发的《教育部关于做好 2015 年全国普通高等学校毕业生就业创业工作的通知》，全面推进了创新创业教育和自主创业工作。

经营管理系根据文件相关精神，结合专业特点和学生实际，精心设计系部品牌项目，以 2015 年全国普通高校毕业生就业创业工作网络视频会议精神为指导，在进一步延续“1＋1＋1 创新创业实践育人模式”育人品牌的基础上，提出“四个一”创新创业实践育人模式。着力围绕“四个一”建设来推进系部创新创业教育，提升学生创新创业意识和实践能力，以创新引领创业，以创业带动就业。积极整合系部资源，形成实践育人合力，着力构建长效机制，努力推动高校实践育人工作取得新成效、开创新局面。

一、“四个一”创新创业实践育人模式的基本内涵

（一）“四个一”创新创业实践育人模式的历史沿革

创新创业是经营管理系育人工作的传统与特色。2011 年国务院总理温家宝在政府工作报告中提到，“全力推动以创业带动就业”，实施更加积极的就业政策。

经营管理系结合自身实际，让顶层设计真正落地，于2013年进一步凝练特色，全力打造育人工作品牌项目，实践探索1+1+1创新创业实践育人模式。所谓"1+1+1"，即一个校友创业论坛、一门创新创业指导课程、一支创新创业指导团队。这一育人品牌荣获学院育人工作品牌培育项目一等奖。2014年，经营管理系进一步推进和深化育人品牌，做大做强校友创业论坛，创新创业指导课程教学，不断提升创新创业指导团队水平。为更好彰显系部特色，又组建了系首届"才俊"人才实验班，不断创新实践育人方式，进一步完善育人模式，并于2015年正式提出"以创新引领创业，以创业带动就业"为主题的"四个一"创新创业实践育人模式。

（二）"四个一"创新创业实践育人模式的理论支撑和针对性研究

创新(innovation)是一个经济学语词，由美籍奥地利经济学家熊彼得(Joseph Alois Schumpeter)首次提出。他认为，创新是指把一种新的生产要素和生产条件的"新结合"引入生产体系。创业(entrepreneurship)一词在二三百年前经济学文献中就已经出现，从国外研究来看，基本可以分成三类：将创业定义为一种经济功能，重在强调创业在经济中的作用；根据创业者的个人特质而定义，称之为"个人特质观点"；将创业这一经济行为归纳为是一种方式或方法。例如，被誉为"世界创业教育之父"杰弗里·蒂蒙斯提出了著名的创业过程模型，他认为创业是一种思考、推理和行动的方法。

对于创新与创业之间的概念界定和两者之间的关系研究，多年以来一直被讨论，但仍存在较大的争议。总而言之，可以归纳为八个字："既有差别，又有融合"。

创新创业教育是随着知识经济时代的到来产生的一种新的教育思路，最初萌发于美国，现已在全球兴起。而在我国以1998年清华大学举办第一届"挑战杯"为标志，意味着中国高校创业教育开始兴起。

在学界，对于高校创新创业教育有两种界定，狭义的创业教育是一种培养学生从事工商业活动的综合能力的教育，使学生从单纯的谋职者变成职业岗位的创造者。广义的创业教育是培养具有开创性精神的人，这在实质上也是一种素质教育。《高校创新创业教育理论框架思考》一文中提出创新创业教育包括三个层面，分别是基础层——创业知识、实践层、创业四步法、精神层、创新精神。

创新是民族不断前进的动力源泉。对于当代大学生而言，他们是国家未来的建设者和接班人，身上肩负着承担国家未来的重任，必然是需要提高创新、创业能力的重点培养对象。加之愈演愈烈的就业压力，各大高校纷纷重视和加强大学生创新创业实践教育，并引起了各方研究人员的关注。

李长庚、刘雄飞(2007)以中南大学物理科学与技术学院为例，阐述了创新教育平台构建，他们认为构建大学生创新、创业基地平台的宗旨是培养大学生的创新、创业能力，锻炼团队精神，培养大批创新、创业人才。孙晓梅(2010)在其研究中指出，利用大学科技园做平台建设孵化创业基地可以培养创新人才，鼓励大学生创业。段利民、杜跃平(2012)构建了基于全球创业观察模型(Globe Entrepreneurship Monitor，GEM)的中国国情下大学生创业环境模型。他们的研究得出实体基础设施与大学生的创业意愿呈正相关，即当为大学生提供更好、更完备的创新、创业基础设施时，会增加大学生的创新、创业意愿，提升他们对创新、创业的热情。王伞、付永庆等(2010)总结了哈尔滨工程大学国家级电工电子实验教学示范中心多年来开展学生科技创新工作的经验。张向明、刘新琼(2010)以中南民族大学创新、创业中心为例说明大学生创新、创业大平台的构建。张向明、刘新琼(2010)在对中南民族大学创新、创业中心的研究工作中，提出建立创新、创业网站和创新、创业中心论坛形成的科技创新氛围来达到面的普及作用。美国学者 Bruyant 认为基于文化的优势是最根本、最难替代和模仿的、最持久的核心竞争力。美国大学生的创新创业主动性源于西方文化的个人主义价值观、自由平等的经济环境和鼓励创新的社会氛围，这是构成美国创业文化的基础。

(三)“四个一”创新创业实践育人模式的主要内涵

“四个一”创新创业实践育人模式的主要内涵是指围绕一个校友创业论坛、一门创业指导课程、一支创新创业指导团队、一个人才实验班这“四个一”，为系部学生竞赛、创业实践等做好培育、服务工作，做大做强创新创业教育，推进学生顺利就业、优质就业，营造“义商”文化，培养学生“义商”人格，最终达到提升学生综合素养的目标。让学生，尤其是自主创业的学生，在创业道路上，秉承做人之本，具有一种可贵的经商品质。

“义商”文化，是由经营管理系在深化创新创业人才培养模式的过程中提炼而出的。从专业教育角度，更多地强调以什么样的课程和内容来培养人，而学生工作，更多的是以什么样的指导思想和精神状态来培养人。

义商是指那些有仁义有担当的商人。以培养高素质技术技能型人才为目标的高等院校商科类专业，应以“义商”为榜样，在社会主义核心价值观的引导下，树立正确的义利观，努力塑造“义商”人格。所谓“义商”人格塑造就是培养具有义利并举、手口并用、公私并重三大核心素养的职业化商人。

从某种意义上说，“义商”文化也是一种创业文化。经营管理系在创新创业教育中，将这种文化不断渗透到第一、第二课堂，引导学生在创新创业的过程中，具备“义商”人格特质。

1. 校友创业论坛

“校友创业论坛”是学院示范性建设和深化内涵建设的成果和亮点之一，也是

“攀越计划”的着力点之一。2009年，由经营管理系提出，并连续成功举办六届，编印6本宣传画册。作为该论坛的承办者，经营管理系对每届论坛都做了细致准备和周到服务。历届论坛均邀请在创业方面取得卓越成就的校友参与论坛，同在校的学弟学妹们一起分享创新创业的酸甜苦辣，进行良好地互动，以进一步引导学生树立创新创业意识，激发学生创新创业的热情，指导学生创新创业实践，帮助学生更好更快地成长成才。校友创业论坛是实行榜样教育法的一个良好载体。创业成功校友，也包含在校生作为榜样人物，他们的创业故事、优秀品质，激励、引导学生正确处理创业与学业、付出与回报、理想与现实、机会与挑战之间的关系。从榜样人物的思想、行动中抽象出一种精神品质，使学生接受并吸收，通过“具体—抽象—具体“的环节，进而达到教育内化的目的。

2. 创业指导课程

学院从2007年开始对在校学生实施创业指导教育，2012年经营管理系开设了《创业指导》必修课(选修课)，也是系本课程，开课专业覆盖了经营管理系、金融系、信息技术系等十多个专业。“创业指导”课程在教学改革实施过程中，探索实施项目化教学改革，通过大量案例分析、实训项目操作演示及系列化的实训练习设计，并利用学校网络教学平台、企业家创业讲座、创新创业大赛及笃行创业园等来实施创业宣传、教育及实践指导，使学生从中获得创业知识和就业能力。特别是2012年以来，”创业指导”课程开展了“基于新媒体应用的高交互式‘创业指导’课堂教学改革研究与实践”的课程改革研究，在继续完善原有的实践教学改革的基础上，形成以实战型教学为内容载体，合作学习为组织形式，过程考核为控制手段，新媒体运用为重要媒介的四位一体高交互式教学模式改革。打破传统“统一”创业教学模式，实现课堂无边界化；形成以创业指导微课程为主体，学院网络教学平台及微博微信两个自媒体平台为双翼的一体双翼的教学模式，为学生提供多元的学习环境以及学生、老师及企业家一对一多媒体交互平台，提升创业教育效果。

2014年创业类课程授课情况表

时　间	课程名称	创业指导	职场沟通	企业沙盘演练
2013—2014 第二学期	授课班级数	2个班级	8个班级	2个班级
	受益人次	约95人次	约380人	约95人次
2014—2015 第一学期	授课班级数	8个班级	26个班级	3个班级
	受益人次	约400人次	约1040人	约135人
合　计	授课班级数	10个班级	34个班级	5个班
	受益人次	约495人次	约1420人次	约230人次

课程师资力量雄厚。课程带头人和一些骨干教师有丰富的企业管理、营销以及客户服务工作经验，具有丰富的创业、企业管理知识和较强的沟通能力；与企业联系紧密，能掌握最新的市场发展动态和行业发展需求，便于对学生职业发展规划进行有效引导，对学生职场沟通创业能力进行科学培养；有扎实的理论功底和教学经验，具有较高的教学水平和课堂掌控能力，能够针对不同个性类型的同学因材施教；善于利用企业的培训资源和素材引入课堂，使教学内容更加丰富，教学手段和方法更加灵活，教学成效更加明显。

3. 创新创业指导团队

2006年，学院设立了笃行创业学院。2012年，对笃行创业学院进行了重组，调整了笃行创业学院的组织机构、管理流程、职能职责等事项，确立了以笃行创业学院作为主体对全院学生开展创新创业教育，其创业教育教学工作主要由经营管理系创业指导教研室执行。同年，经营管理系正式设立创业指导教研室，这是该系在推进创新创业过程中的一个重大举措。从事创业教育的团队或课题组成员，有专业教师12人，其中教授1人，副教授2人，其余为讲师。另外还有校外行业专家8人。

自创业指导教研室成立以来，开展了一系列的工作，众多创新创业工作的部署，都通过这一团队具体落实，例如，承办了杭州团市委创新创业巡回演讲暨校友创业论坛、学院历届挑战杯创业大赛初赛等赛事；承担笃行创业园的系部项目日常管理与孵化，为学生创造条件扶持学生创业；创办经营管理系报道创新创业动向的报刊《起点》。

除了开展笃行创业学院各项创业基础教育活动外，该团队还进行了“企业家一对一引领式”创新创业试验班的探索，让企业家一对一引领学生完成各项企业创业、企业管理、人际沟通等实际任务，达到培育和提升学生的创业素质和技能，优化创业教育的目的。

以创业指导教研室为主导，在广泛吸取了国内其他高校的创业教育经验的基础上，组织相关教师编写了《大学生创业指导》教程，力求突出项目课程教学的成果，注重对学生创业意识和创业能力的培养。同时，还积极探索改革”创业指导”课程教学，成功申报学院资源共享课等。

4. 人才实验班

为进一步深化创新创业人才培养工作，探索精英教育模式，重点培养和提升学生创新创业实践能力，2014年4月29日下午，经营管理系首届“才俊”人才实验班开班仪式在明理报告厅拉开帷幕。通过各专业推荐，学生自荐，各教研室和学工办联合把关，从系部1468名学生中选拔出26名首届“才俊”人才实验班学员，他们具有演讲与口才、创新创业能力等特长或者具备优秀品质。

2014年6月，在系副主任殷世波、指导老师董仕华、陈亮的带领下，该班26位学员一同前往义乌工商学院的创业学院进行交流与学习。同年11月，系部邀请浙江君策律师事务所合伙人、主任林忠再律师参加“才俊班”学生座谈会。同时，有针对性地进行实战性指导，积极孵化学生自主创业项目。

二、“四个一”创新创业实践育人模式的主要措施

一是举办创新研讨会，树立新观念。在创新创业工作方面，经营管理系既重视系部的有力领导和管理，又善用团队的力量和智慧。经营管理系多次召开专题研讨会，进行创新创业工作思路的研讨，最终确定了具体的工作内容，包括继续推进创业园的建设；深化创新创业相关课程的改革；因材施教地指导在校创业学生的创业项目等；对竞赛项目做到目标明确、责任到人、政策支持。

为了推动本系教学改革创新工作，2014年11月，经营管理系召开专题会议，研究本系课堂创新具体实施方案。研讨会上就资源库建设、微课制作、课堂小班化教育、导生制度、课赛融合等方面进行了广泛和深入的探讨，提出了以当前的教学改革创新为契机，改进教学方法和教学组织形式，分类推动小班化教学的目标。例如，依托教改课题研究推动《创业指导》小班化教学。

为促进系部教学改革与创新，经营管理系在2014年度共开展专题教研活动5次，邀请全系教师和部分学生参加。自3月份开始，分别由系主任章金萍、系党总支书记王瑾、原系副主任殷世波、电子商务教研室主任陈月波和企管教研室主任吕宏程开展了“微课·慕课·翻转课堂”“以十八大精神为指导、扎实勤勉、创新工作、服务学生”“台湾应用性人才培养借鉴与启示”“移动互联网思维”和“大学素质教育精品通选课‘职场沟通’”等内容的讲座。

二是以校友创业论坛为平台，培养学生创新创业意识。每年校友返校期间，经营管理系都将校友创业论坛视为鼓励学生自主创业的重要工作之一，重点启蒙学生的创新创业意识，进而规划梦想、明确目标、坚定信念。自2009年以来，经营管理系共承办学院校友创业论坛六届，论坛邀请创业成功校友分享创业经历和心得体会，激发学生的创新创业灵感，培养学生创新创业意识，提升学生创新创业实践能力。论坛的影响力和覆盖面在逐年提升和扩大。

历届校友创业论坛情况表

年份	届别	主题	邀请校友
2009	首届	睿智创新激情创业	1991 届校友、鑫和集团有限公司杨罕闻； 1903 届校友、浙江华棉纺织有限公司董事长李振光； 1909 届校友、杭州向上教育咨询有限公司市场总监龚国波
2010	第二届	创业精彩有约 创新魅力无限	1981 届校友、浙江涌金仓储股份有限公司董事长兼总裁童天水；1982 届校友、华峰集团有限公司副总经理翁奕峰；2007 届校友、都市房网加盟店店长李海青
2011	第三届	激发学子创新灵感　促进创业人才成长	浙江有加利连锁超市有限公司董事长厉文海； 杭州卓越风云实业有限公司董事长周建仁； 大朝资产管理(浙江)有限公司副总裁、杭州休普基因健康管理有限公司董事长朱股； 温州汤臣管业有限公司总经理郑森淼
2012	第四届	创新开拓新天地　创业成就新梦想	1984 届农金专业校友、温州瓯海恒隆小额贷款有限公司总经理黄建勤；1992 届城金专业校友、浙江省铁投融资租赁有限公司总经理赵广超；营销 102 班学生、音乐之声琴行店长李朋超
2013	第五届	诚信务实 创新创业 超越自我	1983 届城金专业校友、安徽省康美来大别山生物科技有限公司董事长余春赋；1993 届国金专业校友、浙江海帮人才基金创始人梁刚；营销 111 班学生、"我的花店"创业带头人黄伟
2014	第六届	擦出思维碰撞火花　点亮创业未来之路	1997 届国际金融专业校友、浙江中碳科技有限公司总经理沈亚斌；2007 届金融专业校友、杭州商富商务信息咨询有限公司董事长林泽标；2013 届市场营销专业校友、杭州品忆琴行创始人李朋超

三是以学生竞赛为抓手，提升学生创新创业实践能力。经营管理系将学生创新创业工作融入各专业人才培养方案，构建了培养学生创新精神与实践能力的课外科技活动教学体系和创新创业竞赛平台。自 2008 年以来，系部认真做好学院历届"挑战杯"创新创业竞赛创业类项目的评审工作。紧紧抓住这一契机，系部采取物质、精神双鼓励政策，充分调动教师和学生参与各级各类创新创业竞赛的积极性。发动师生为参加各项技能和素质比赛做好准备，尤其会积极鼓励学生参加挑战杯比赛；组织校内外专家对挑战杯申报作品进行评审，提出修改意见和建议；认真组织校内统计调研大赛，通过一系列创新创业竞赛活动促进学生的创新精神、实践能力和综合素质不断提高。在第二课堂中，积极举办案例大赛、营销策划大赛等，努力在学生中营造比赛氛围。

为激发教师指导学生创新性实践的积极性，系部鼓励教师将自己的科研成果融入课程和竞赛指导工作中，促进科研与教学的整合；鼓励师生组建富有创新潜能的学生团队，以教师科研引导学生创新实践。根据《素质拓展类竞赛管理办法（试行）》规定，对教师指导大学生创新创业获奖项目进行奖励，并开展系指导学生竞赛优秀指导老师评选。

四是以笃行创业园为依托，增强学生将知识转化为财富的能力。笃行创业园的建设，延续了学院鼓励学生创业的优良传统。创业园是学院实施创新创业教育体系中的重要环节，是大学生创业实践基地，通过创业园的全真运作实践来培养大学生的创业能力和生存能力，增强大学生的创新意识、创业意识、合作意识、诚信意识和承担风险的勇气。每年，经营管理系都会根据《浙江金融职业学院大学生创业园管理办法》，通过创业项目申报、审批等流程，做好创业团队的入驻工作，不仅给符合条件的创业学生提供创业场所，还配备指导老师全程跟进，给予创业帮助和指导。目前，新一批创业学生已经全部进驻了创业园，顺利完成了新老更替工作，门店装修基本完毕。

为展示入驻创业园的创业团队风貌，2013 年，由经营管理系学生会编辑部牵头，做了一期《经管创业访谈》，邀请创业学生谈谈有关创业那些事儿。刊登在每月一期的创业教育专刊《起点》上。《起点》是用于向全院师生介绍创业政策、学生创业动态与创业心得的创业简报，面向全院各班级分发。通过报刊的发行，一方面深入掌握创业学生的思想动态，另一方面也将学长学姐们的创业经历和成果与大一新生分享，激发新的创新创业火苗，孵化创新创业新梦想。

除了学生创业项目孵化，经营管理系还依托学院笃行创业园积极探索多种形式的校企合作共建“校中店”模式，分别形成了品牌推广模式——寸村朴茶坊，学生团队经营模式——网易“印象派金色映像”，企业连锁经营模式——公众房网金院店，以及学生自主创业建立的“校中店”。

五是以“义商”文化墙等为软环境，着力营造创新创业教育良好氛围。“义商”文化，是指职业商人在经营生活中共同创造的，具有恪守信用、诚实不欺，利以义制、以义取财、仗义疏财等精神财富、文化氛围以及承载这些精神财富、文化氛围的活动形式和意识形态。为了进一步营造“义商”文化氛围，陶冶学生养成良好的道德品质，经营管理系紧紧抓住宣传窗、系刊系网、公众微信等平台，初步形成全方位、多渠道宣传阵地。2014 年上半年，经过前期梳理，总结提炼，以图文并茂的形式，完成了 6 号楼大厅诚信大学生橱窗布置；下半年完成了“义商”文化墙和文化班级的布置等。

尤其是“义商”文化墙的建立，更好地发挥创新创业教育在优良学风形成、系部文化建设中的凝聚作用。从古代的白圭、范蠡、弦高、子贡，近代的乔致庸、胡雪岩、张謇到现代的陈嘉庚等，他们是古今商人中的佼佼者，也都积极承担着行善济世的社会责任。经营管理系将这些著名商人的事迹一一陈列在6号楼四到六层的教室走廊上，打造成具有系部特色的“义商”文化墙，时刻引导学生应以“义商”为榜样，在社会主义核心价值观引领下，树立正确的义利观，努力塑造“义商”人格。

六是以实践活动为载体，将创新创业教育融入第二课堂。经营管理系第二课堂活动包括社会实践、社团活动、演讲沟通、综合写作、参加讲座、科技文化与技能等模块。结合创新创业教育，组织开展营销职业技能大赛、干事策划大赛、辩论赛等活动，为学生增强创业意识，展示创业才干提供平台。

结合暑期社会实践活动，积极为学生参加各类技能培训、职业资格培训、课题研究、专业实习等提供便利，为学生个性化发展搭建平台。作为系部学子在假期完成一份创业计划书是必选作业。

结合主题班会活动，在对学生进行演讲能力测试的基础上，通过组织开展演讲赛、辩论赛等活动，为增强学生表达交流能力搭建平台。

结合综合写作测试，通过组织开展专项征文比赛，为提高学生写作能力和分析问题解决问题的能力搭建平台。

精心打造校友创业论坛，邀请创业成功校友举办讲座，为学生开阔视野，增强自主意识、敬业意识、创业意识、进取意识，提升综合素养搭建平台。

此外，通过举办“大话诚信”主题团日活动、“诚信伴我行”校园诚信小品大赛，培养学生的诚信品质；通过“领微风，进社区”志愿服务等公益活动，培养学生社会责任意识；通过学院“挑战杯”创新创业竞赛的组织申报，宣传创新创业竞赛规则、政策，对参赛学生广泛培养、重点选拔；通过学长学姐讲坛，传承美好品质和创新创业精神。

七是以自设奖学金为驱动，表彰在创新创业竞赛中获奖师生。2006年，经营管理系设立“梅林”奖学金，2007年设立“海纳”奖学金。其中“梅林”学生奖学金、奖助金分新生奖学金、红旗团支部奖学金、励志奖助金等奖项。“海纳”学生素质拓展奖助金分素质拓展团队奖助金、社会实践先进团队奖助金等奖项。

三、“四个一”创新创业实践育人模式成效初现

经营管理系积极努力整合各方资源，形成整体合力，发挥1+1+1+1>4的作用，共同推进创新创业各项工作，“四个一”创新创业实践育人模式成效初现。

一是学生在省级以上创新创业等大赛中成绩喜人。2013年，在学院第七届“挑战杯”创新创业竞赛成绩中，获特等奖1项，二等奖4项，三等奖4项。其中2

项获浙江省第四届“挑战杯”创新创业竞赛二等奖，1 项获三等奖。在其他省级比赛中荣获 2 项一等奖，6 项二等奖，4 项三等奖。2014 年，在学院第八届“挑战杯”创新创业竞赛成绩中，获一等奖 1 项，二等奖 2 项，三等奖 3 项；第七届全国职业院校创业技能大赛全国总决赛中荣获一等奖；在浙江省第九届“挑战杯”大学生创业计划竞赛中荣获三等奖 3 项；首次有学生代表队出境比赛并取得两个一等奖的好成绩。另有 4 个项目成功立项为 2015 年浙江省大学生科技创新活动计划（新苗人才计划）。2013—2014 年学生竞赛获奖情况汇总附表如下：

2013 年学生竞赛获奖情况一览表

获奖学生	比　赛　名　称	获得奖项	指导教师
许嘉丽等	浙江省第四届高职高专院校“挑战杯”工商银行创新创业竞赛、浙江省第十三届“挑战杯”海天雄镇，大学生课外学术科技作品竞赛、学院第七届“挑战杯”创新创业竞赛	二等奖	傅　玳
毛文诠等	浙江省第四届高职高专院校“挑战杯”工商银行创新创业竞赛	二等奖	马天有、刘　海
孙　文等	浙江省第四届高职高专院校“挑战杯”工商银行创新创业竞赛	三等奖	程淑华、方志坚
毛文诠等	学院第七届“挑战杯”创新创业竞赛	特等奖	马天有、刘　海
孙　文等	学院第七届“挑战杯”创新创业竞赛	二等奖	程淑华、方志坚
孙　文等	学院第七届“挑战杯”创新创业竞赛	二等奖	程淑华
刘晓乾等	学院第七届“挑战杯”创新创业竞赛	二等奖	程淑华、钱　程
张　杰等	学院第七届“挑战杯”创新创业竞赛	三等奖	程淑华
方晓菲等	学院第七届“挑战杯”创新创业竞赛	三等奖	刘　海、张　颖
于发营等	学院第七届“挑战杯”创新创业竞赛	三等奖	程淑华
华汪婷等	学院第七届“挑战杯”创新创业竞赛	三等奖	董仕华、许明
陈荣翔等	全国高校商业精英挑战赛营销模拟决策竞赛暨海峡两岸营销模拟决策大赛大陆地区总决赛	两个一等奖 两个二等奖	周宏敏、戴海容
周子琼等	全国高职院校“建工社杯”房地产业务技能竞赛	综合二等奖	殷世波、傅　玳
朱红伟等	浙江省第八届大学生电子商务竞赛	两个二等奖 两个三等奖	陈月波、张　颖、刘　海
王怡佳等	2013 年进出口银行杯大学生暑期社会实践有奖征文比赛	二、三等奖	刘　海、张　颖
吴晓晴等	浙江省第五届大学生职业生涯规划大赛	三等奖	许　琦

2014 年学生竞赛获奖情况一览表

获奖学生	比　赛　名　称	获得奖项	指导教师
陈荣翔等	2014 年全国高校商业精英挑战赛营销模拟决策竞赛暨海峡两岸营销模拟决策大赛台湾地区总决赛	两个一等奖	戴海容、罗怀中
蔡梦洁等	浙江省第九届“挑战杯”大学生创业计划竞赛	三等奖	戴海容、章金萍、董仕华
金军炳等	浙江省第九届“挑战杯”大学生创业计划竞赛	三等奖	傅　玳
富浩等	浙江省第九届“挑战杯”大学生创业计划竞赛	三等奖	李尔、马天有
张光锐等	第十届全国大学生“用友杯”沙盘模拟经营大赛浙江省总决赛	冠军	许明、董仕华
张光锐等	第十届全国大学生“用友杯”沙盘模拟经营大赛	全国三等奖	许明、董仕华
沈萍等	第七届全国职业院校创业技能大赛全国总决赛	一等奖	许明、董仕华
李德胜等	学院第八届“挑战杯”创新创业竞赛	一等奖	章金萍、陈亮
王晓丰等	学院第八届“挑战杯”创新创业竞赛	二等奖	陈亮、王春花
胡彩芸等	学院第八届“挑战杯”创新创业竞赛	二等奖	程淑华
张茂等	学院第八届“挑战杯”创新创业竞赛	三等奖	傅玳、徐侃
郑伟青等	学院第八届“挑战杯”创新创业竞赛	三等奖	范小琪、赵巧英
王雪明等	学院第八届“挑战杯”创新创业竞赛	三等奖	程淑华

参与竞赛锻炼了学生的创新思维,提高了实践能力和交流表达能力,使心智得到了升华。获得荣誉,是对学生实践能力或综合素质的认可与肯定,同样也是对老师教学成果的认可与评价。参加创新创业竞赛获得奖励的同学,其就业竞争力明显增强,在面试或就业过程中为自己赢得了更多的机会,创造了更大的选择空间。

二是在系部全面引导和扶持下,学生创新创业新星不断涌现。经营管理系一如既往积极传承创新创业精神,大力推进创新创业各项工作。继王晶、周海龙、龚国波、郑森森(创业事迹被温州网、温州商报、腾讯新闻等媒体纷纷报道)之后,又涌现出新的创业明星。

营销 102 班李朋超自主创业成绩显著。2011 年,他在首届”海纳杯”营销大赛中获鼓励奖,当年 8 月,在杭州暑期打工中获“最佳销售员工”称号并获奖金 400 元和价值 1500 元吉他一把。一个月后,在琴行销售业绩突出,被升为店长并获“最佳销售业绩店长”,销售业绩达到该店开业 5 周年以来最高业绩,获奖金 500 元。2012 年 9 月,李朋超在学院开办了首家“校中店”式生产性实训基地“音乐之声”琴行,近半年后,2013 年 3 月,李朋超又开了学生时代的第二家琴行“品忆琴行”。为感激学校的栽培，老师的关心，在10月22日举办的2013迎新生文艺晚会暨第十一届学生会社团文化节开幕式上，向学院捐赠一架钢琴。学院盛健院长、经营管理系主任章金萍为新琴揭幕。

另一位优秀的创业明星来自营销113班的黄伟。该生2012年5月开始创业，和同学合伙开了一家"我的花店"，经营鲜花、盆栽零售出租、开业典礼、婚庆设计等业务。2013年10月，申请并顺利入驻学院笃行创业园。在学生时代便在下沙拥有两家店面。它梦想有一天能有一家自己的公司，实现自己的创业梦。

2014年，经营管理系积极孵化学生自主创业项目3项。其中来自营销121班蔡梦洁等学生合伙开了家为女生量身定做的专业"女生之家"——美洁日化实体店。2014年1月，实体店顺利入驻学院笃行创业园，正式开启自主创业之路。开业4个月，营业额15万，利润4万，月利润平均1万。小店主营女生用品，有面膜、洗面奶、睫毛膏、卫生巾、纸巾、热水袋等生活用品，还夹杂着一小部分的食品，如泡面、巧克力等。其目标是要把这家专为女生量身定做的小店打造成为"女神诞生地"。陈荣翔等还将课堂知识与创业相结合，推出系列活动打响品牌。在开业初，他们借助系部力量推出了"我是店长"商业大赛，让学生来报名参加经营他们的小店，一个队经营两天，哪个队的营业额高就获胜，该队伍还会获得一定的奖品。活动很受学生欢迎，报名的人很多，店铺的名气一下就打响了。同时，在传统付款模式的基础上，他们着力推广微信付款、银联支付、货到付款，付款方式灵活多样，快速便捷，深受同学们的喜爱。

三是走访富有创新创业成就的毕业生，形成创新创业教育有形成果。为了解系部近几年毕业生的就业情况，尤其是在创新创业方面的突出成绩，更好地推进系部创新创业教育，2014上半年，经营管理系教师适时走访富有创新创业成就的毕业生，集中走访了2006届至2011届的20多位优秀毕业生，筛选出14位优秀毕业生的创新创业经历编纂学生创业工作的案例集，形成创新创业教育有形成果。

2014年寒假，系团总支学生会结合寒假社会实践活动要求，积极联系13位系部校友，组织各班由团支书带头前往采访，撰写采访文稿18篇。

四是提升社会影响，彰显系部特色。2013年11月8日，《浙江教育报》招考就业版关注报道经营管理系承办的"诚信务实、创新创业、超越自我"学院第五届校友创业论坛。2014年11月7日，《杭州日报》以"金融高管回母校帮助学弟学妹创业——'校友创业论坛'举办到第六届了"为题报道该系承办的"擦出思维碰撞火花，点亮创业未来之路"第六届校友创业论坛。2014年4月17日，《钱江晚报》以"浙江金融职业学院3名大二学生将小店开得风生水起"为题报道该系创业教育的实践及学生创业实践。

四、“四个一”创新创业实践育人模式的思考与展望

（一）思考

1. 如何处理内外因素的影响

据我国 2009 年的《高校毕业生自主创业研究》报告调查显示，我国高校毕业生创业比例仅占总人数的 1.94%，与发达国家大学生创业比例 30%相差甚远。如今 90 后大学生身上普遍存在“顺境中健康、茁壮成长；逆境中消极懈怠，承受力弱”的思想状况。经过选拔后的参赛学生，相对而言比较优秀，但在参与比赛的过程中，抗挫能力比较弱。创业孵化成功的学生，在具体创业过程中面对困难有危难情绪。大部分大学生基本是在父母和老师的规划中一步步成长，自主创业的概念在我国的家庭教育和学校教育中极少提及，社会在创业文化方面的培植和引导还有很长的路要走。

2. 如何处理好创业和学业的关系

一些热衷创业的学生，不重视学业，经常出现旷课或迟到早退现象。系部几经教育，个别受到预警或违纪处分，但效果不是很明显。根据近期《教育部关于做好 2015 年全国普通高等学校毕业生就业创业工作的通知》文件精神，提出高校要建立弹性学分制，允许在校大学生休学创业。对此，经营管理系将会根据学院相关统一举措严格遵照执行。

3. 如何营造创新创业氛围

经营管理系不少学生从入学不久，就有很强烈的创业意识，并积极投身于自主创业中，也有个别学生已申请工商注册，成为学生中的个体工商户，但覆盖的面还不是很宽。尽管创业是有风险的，也并非适合每个学生，但我们还是要进一步营造这种氛围，不仅仅是为了让更多的学生去创业，而是让更多的学生无论是在学习上，还是生活中，都能有创新的火花，最终的落脚点是培养其创新的思维。

4. 如何达到校企“双赢”

“校中店”实训基地建设需要建立在校企“双赢”的前提下才可能使校企双方的合作能够长久，但校企双方的利益诉求往往存在着不一致，学校要求“校中店”能够为学生的技能训练提供场地和企业的师资，希望学生能真正在实战训练中真正得到能力的提升。而企业由于其营利的性质，在得到学校无偿提供场地的同时，对场地的位置、面积、周边固定人流量等都有一定的标准和要求；同时，出于盈利与商业机密的考虑，很难将核心业务交给实习的学生。因此校企“双赢”在实际操作中确实存在着较大的困难。

（二）展望

1.进一步积极营造创新创业氛围和提升创新实践能力，大力开展创新创业教育

具体有以下四个方面：(1)一如既往办好创新创业校友论坛，聘请校外创业导师开设创业讲坛，以及办好创业报《起点》；(2)建立网络营销创业工作室，并梳理好工作室的管理机制；(3)开展暑寒期社会实践的走访创业成功校友活动，将成功案例展示，形成创新创业教育有形成果；(4)创建笃行创新创业学院专门网页，作为创新创业教育的一个重要窗口。

2.进一步优化“四个一”创新创业实践育人模式，争取有新突破，出新成果

具体从以下三个方面着手：(1)技能竞赛要有突破，除已有的获奖项目外，进一步拓展参赛项目，如新苗人才计划中要争取多立项，争取更高级别的奖项；(2)引企入校，建立“校中店”，作为校内生产性实训基地，同时解决学生排队式顶岗实习。(3)学生广泛参与各类创新创业竞赛，使创新创业理念深入人心。

3.进一步形成项目绩效化

实行“1234”的分层创业指导，即10%的学生成为创业项目的孵化对象，20%的学生成为创新创业活动的骨干，30%的学生在大学三年中至少参与过创业活动，其余40%的学生必须接受过创新创业教育。

4.保持2015届毕业生就业签约率与去年同期持平或略有提升

2015年，全国高校应届毕业生总量将达到史无前例的749万左右。在浙江，这个数字是27.8万人，较去年同比增加5000人。在经营管理系，这个数字是543人，较去年同比增加了110人。其中贫困生人数较去年同比略有上升。因此，做好创新创业教育工作，落实创业培育，鼓励扶持电子商务等专业开设网店等多种创业形态，以取得以创新引领创业，以创业带动就业的功效，进而提升毕业生就业签约率。

5.深化“义商”文化，日积月累形成一种创新精神和创新创业文化

就目前而言，大学生创业还没有赢得社会、家庭的完全支持和认可，家长更多的是希望子女大学毕业后拥有一份稳定的工作，而明确鼓励子女创业的家长并不多。而且，无论是向社会宣传创业的大学生，还是向高校宣传创业的企业家都比较少，使得创业的舆论氛围不浓厚。希望通过“义商”文化，潜移默化地将创新创业的精气神烙在学生心中，为学院、社会创新创业文化建设发挥辐射作用。

国际商务系“基于学的教”育人机制建设研究与探索

“我们有什么样的学生？要把学生培养成为什么样的人?”这是教育工作的逻辑起点和归宿。在以往的教育中,我们更多的是强调教师在育人工作中重要性,学校和教师投入了很多精力,设计了很多项目和活动,而学生不愿意参与,兴趣不大,育人成果难以落到实处。针对这一局面,近年来,国际商务系着手试点“基于学的教”育人机制建设。

学院党委书记周建松在指导国际商务系“基于学的教”育人机制建设工作时,曾提出要加强三个环节的工作:一是要认真开展学情调查,了解学生学习情况;二是要关注市场需求,要了解清楚用人单位对学生知识能力素质的要求;三是要在前两者的基础上着力进行教学改革。学院院长盛健认为,作为教育工作者,要仔细思考“谁在学,成为谁”的问题,这就要求进行深入的学情调研,要给予学生以更多的鼓励。

国际商务系一直致力于“基于学的教”的育人机制探索,加强对育人机制的探索,通过出台系部扶持政策,鼓励协同育人改革实践,加强考核监督,取得改革绩效。为进一步深化国际商务系有针对性、实效性的育人工作奠定了基础。同时不断开展微观课程改革探索,力争使学生真正受惠,为学生的成长成才助力。

一、内涵及思路

完整的教育活动由三大要素构成:学生、教师、教育媒介(包括教育方法、教育内容、教育手段、教育环境等)。成功的教育活动便是在完整的教育要素基础上,使三者紧密联系、互动。“基于学的教”育人机制建设试图从强化以学生为主体,教师为引导的师生联系入手,联动教育媒介的优化与创新,从而实现教学相长,打造国际商务系的育人品牌。

(一)"基于学的教"育人机制的内涵

"基于学的教"从关键字来看,学是指学生、学法与学生管理;教是指教师、教法与教学管理。育人机制则是指系部以专业人才培养为主要功能的组织构造及其相互关系。

从整体来看,"基于学的教"育人机制建设就是强调以生为本,以"六业贯通"为宗旨,以学情为着眼点,以实证性的行动研究为主要方法,以强化教师与学生的链接、教法与学法的链接、教学管理与学生管理的链接为主要路径,以促进学生纵向的核心能力深化和横向的综合素质拓展为主要诉求,从而提升学生的岗位适应能力和可持续发展能力,同时实现系部内涵建设"攀越"的一项系统性工作。从教的方面而言,就是要解决教师、教学和管理"从学生中来,到学生中去"的问题;从学的方面而言,就要解决"我是谁,成为谁"的问题。

(二)"基于学的教"育人机制建设的思路

"基于学的教"育人机制建设的总体思路体现在"三个维度",即:以"六大素能导师团队"为依托,重点拓展育人的主体维度;以"千日成长工程"为主线,重点支撑育人的时间维度;以第一、第二课堂的衔接为纽带,重点覆盖育人的空间维度,在此基础上形成立体化、系统性的育人机制。通俗地讲,这就是国际商务系特色的全员、全程、全方位"三全"育人机制。

(三)"基于学的教"育人机制建设的路径

1. 强化教师与学生的链接

教师与学生的链接是开展"基于学的教"育人机制建设的核心,重点做好系部"六大素能导师团队"建设,开发输入阶段评估、学习过程评估、学习结果评估的"学习评估"调查工具,使学情调研科学化、制度化,开展包括普高生源和中职生源学生学情的比较调研、专业人才培养需求调研等,积累更多第一手数据,这样教师可以更好地把握学生的特点、企业的需求,在实践中更好地引导学生成长成才。

2. 强化教法与学法的链接

教法与学法的链接是开展"基于学的教"育人机制建设的重要突破点。要进一步了解学生课堂学习、自主学习的需求,继续开展合作学习、双语教学、"零课时"英语学习模式等改革,尝试开设模块化的研讨课,探索符合商贸类专业高职学生特点的教学方法。

3. 强化教学管理与学生管理的链接

教学管理与学生管理的链接是开展"基于学的教"育人机制建设的重要抓手。

重点以专业人才培养为主线，统筹人才培养方案和“千日成长工程”的整体设计，将学生的第二课堂与第一课堂紧密联系起来，丰富学生活动的内涵和形式。

（四）“基于学的教”育人机制建设的载体

“认知、实践与内化”是学生素质养成的主要环节。学生素质提升的过程其实就是这三个环节有效衔接并螺旋上升的过程，也就是学生“千日成长”的过程。为保证上面所说的三条路径的畅通，国际商务系重点以第一、第二课堂的衔接为纽带，因循这三个主要环节来夯实“基于学的教”育人机制建设的载体。

1. 认知载体

课程是探索“基于学的教”育人机制的基础性认知载体，也是夯实三条路径的主要载体。在第一课堂，国际商务系围绕国际商务人才英语应用能力、国际商务素质和外经贸职业技能三大核心竞争力培养，进一步开展合作学习、双语教学等课程教学改革，探索模块化的研讨课。同时，在第二课堂充分发挥“两堂一会”作用，即国际商务系书记大讲堂、国际文化大讲堂和“一月一书”读经典书友会（人文经典和专业经典），丰富学生人文知识和专业知识学习的载体，培育良好的学风。

2. 实践载体

实践是探索“基于学的教”育人机制最生动的载体，也是夯实三条路径的高职特色载体。这里主要包括三类实践：一是社会实践，包括列入人才培养方案的明理实践和专业实践，开展志愿者服务、各类专业实习、社会调研等，重点强化学生的社会责任意识和职业担当，使学生更有“正气”；二是团学实践，重点强化国际文化节、国际商务礼仪大赛、社团活动等与专业人才培养之间的内在联系，使学生更有“洋气”；三是创新创业实践，以“挑战杯”“新苗计划”项目为依托，有效链接师与生，发挥创新创业导师团队的作用，探索学生创新创业导生制，重点培养商贸类专业学生的开拓、创新能力，使学生更有“朝气”。

3. 内化载体

内化载体主要包括两个类型：一是环境载体，二是文化载体。环境载体主要是指教室和寝室，是学生的主要生活空间。文化载体则主要是指系部文化和职业文化，是学生在认知和实践活动之后凝聚的共识和价值取向。从环境载体来说，一是要打造适合学生发挥其探究精神，适合研讨的“智慧型”教室，使用无线网络、活动的桌椅、移动的白板和投影等设备，便于开展合作学习、研究性学习；二是结合文明寝室建设，推动系部文化进寝室，将学生的学习和生活相结合，开展寝室英语微电影大赛等活动，不仅使学生更“洋气”，也要使他们的寝室更“洋气”。从文化载体来讲，重点在于挖掘文化在课程教学中的“浸润式”作用，并进一步丰富两类文化的育人功能：一是系部文化，重点是从学生的视角，重新打造系部文化，强化系部的系徽、系训等文化识别系统的育人价值，并结合认知和实践活动来凝聚师生对于国商文化的共识；二是职业文化，重点发挥校会、校企合作单位的作用，强化学生的工学交替和企业见习、实习经历，使学生接受职业文化的熏陶。

二、学生课程体验调查的研究

课程是高职院校教学建设的基础。学生的学习方式和学习结果往往取决于他们对课程、教学和考评的感知。面对不断加大的就业难度和产业转型升级带来的反思，需要重新审视课程这一教学建设基础在人才培养中的作用。同时，学生是高职教育的直接参与者和受益者，其课程学习质量是高校教学质量基础。因而，关注学生的学习经历、学习体验并获取有关学生学习产出的信息，能触及影响质量的核心要素，能更真实、直接、有效地反映高校的课程教学质量，更能体现高职教学与本科教学的不同旨趣。课程体验调查法（course experience questionnaire，CEQ）是一种评价学生学习质量的方法，在英国、澳大利亚等国家的高等教育领域有广泛的使用。它通过实施问卷调查，测查学生学习产生和学校教学质量情况。通过了解学生关于课程与教学服务的感受、体验等数据资料，进而获得学生的学习行为、学习状态、学习成效等信息，借此可帮助学校改善课程教学工作。

（一）调查的意义

1. 从关注外部的“输入品质”到关注学生的主体体验

高职教育只有10余年历史。而我国的教育评估通常偏向于通过对高职院校的硬件、师资、生源和社会水平水平等外部投入因素的分析，进行教学质量的判断。但是，高职课程的实际教学过程是怎样的？高职院校提供的各种教学服务对学生学习提供了怎样的支撑并产生了何种影响？课程学习行为是否只在课堂上发生？学生在课程教学过程中学到了什么？诸如此类的问题却没有得到很好的解答。正如潘懋元教授所说的：“长期以来，我们忽视了对作为教育主体的大学生学习的研究，忽视了从教学的本源上去解决质量的问题”。这就需要通过对于学生学习体验的调研来获得第一手信息。

2. 从关注“宏观”的学校满意度到关注“微观”的课程满意度

目前各个地方政府和第三方研究机构都在联合学校开展各种毕业生调查。但上述调研主要在于判断毕业生对母校的满意度各对专业的满意度。但满意度是一个更加宏观、整体的体验，对于造成这种体验的原因缺乏具体、明确的分析；对于具体从事课程教学的教师缺乏引导、借鉴意义，从而使学校和教师无法判断从具体的哪些要素入手来改善教学服务和采取课程教学改革之后究竟取得了怎样的效果。这就需要通过制度化、可持续的调研来判断学生的满意度或发展水平与教学领域的哪些要素有着显著相关；同时，学习体验调查既可以学校、分院为单位，也可以课程为单位，这样就能在学校和教师根据调研采取相关改革之后，通过调研来确认相关改革对提高学生满意度和发展水平究竟有多大促进作用，从而实现教学质量管理水平的螺旋式提升，进一步保证人才培养质量。

3. 从关注对于教师教学的研究到关注对于学生学习的研究

长期以来，我们对教师教学改革和研究的水平有着相当高的关注。特别是高职进入内涵建设时期以来，对于教师在精品课程、精品开放课程、说课、微课、行动导向课程教学改革、课程开发等等领域的能力与水平给予了高度的重视。上述改革和建设也确实在很大程度上推动了高职院校内涵建设的深化。但是教与学究竟在何种情况才实现真正的互动？教师的课程建设和教学改革究竟对学生产生了多大影响？高职学生的学习规律是怎样的？高职学生的学习与本科学生的学习有什么不同特点？这些问答均需要加强对于学生学习的研究来进行判断，这样才能真正实现“教学相长”。

（二）现状分析

1. 对高职学生学习特点研究缺乏足够重视

一方面，从目前已经开展的毕业调研项目来看，基本采用的是本科、高职通用的调查工具（问卷等），且对于微观课程领域的教学要素影响和学生学习特点无法予以充分重视，也无法融入不同专业的差异性比较；另一方面，虽然高职内涵建设如火如荼，但由于评价机制等原因，教师对教学研究成果的关注往往会高于对学生学习成果的关注，从而在一定程度上导致了教与学的脱节。因此，需要通过对于学生课程体验的把握来验证教师的教学体验，从而进一步验证教师乃至学校的教育假设，反思学校、课程的教育目标和课程目标，优化课程实施环节。

2. 对课程教学改革研究的第一手数据的搜集缺乏足够重视

当前高职院校教师从事课程建设和教学改革的热情高涨。高职课程教学改革的方法层出不穷，但教学改革的具体成效在学生身上是如何体现或者说学生的发展多少因素来自于课程的推动却缺乏足够的数据进行佐证。一个学生的发展背后的因素有着多重维度，在课程这个学校的基础维度上起着怎样的作用，从事教学改革的教师往往缺乏足够的关注，对于所采取的教学改革的成效，教师往往笼统地进行处理，也往往没有进行改革前后的比较，缺乏在行动中研究，在研究中行动的教学研究方法意识和工具。

3.对高职国际商务类专业课程改革的学生体验缺乏足够重视

高职国际商务类专业学生的技能特点似乎不如机械、制造类专业学生那样明确、具体。商贸类行业一线人才其服务对象主要是人,并具有以工作团队形式完成工作任务的特点——既有分工又有合作,对于个人的协作能力、沟通能力、机会捕捉能力和工作流程优化能力有整体较高的要求,这就需要营造更富社会化、企业化的学习氛围,使之得到熏陶。因而课程体验不仅是一种学生对于课程教学质量的反馈,还是一种育人力量,有助培养高职国际商务类专业学生的团队意识和社会认同,对于课程教学有着强大的助推力,其学习体验本身就是一种学习资源。浙江金融职业学院课程改革逐步从推进项目教学到倡导合作学习、推动微观课程教学改革不断深化的过程,体现了对于从课程体系优化到教学效果优化的改革线索,反映了从顶层设计到基层创新的改革路径,彰显了从关注企业、社会需求到进一步关注学生需求的教学服务优化过程。这种改革历程的成效既需要通过基于课程的质量调研予以佐证,也需要通过调研反馈来促进其进一步完善。

三、育人保障机制建设

"基于学的教"育人工作,践行以生为本理念,旨在通过对当代大学生学情调研与把握,实现因材培养。这是务实地推进学院提高人才培养质量和建设优势专业群的工作要求,也是国际商务系"全员、全方位、全过程"三全育人的具体机制与载体,是涉及本系师生教、学、管理的一项长期的、阶梯式推进的系统工程。因此,需要有健全的育人保障机制。

(一)分阶段实施导师团队负责制和导师制,强化组织机制

一是完善6大素能导师团队负责制,落实项目任务。二是为助推学生分类发展与个性化发展,逐步探索实施学生培养导师制,分为"生活导师负责制"和"专业导师负责制",将导师制逐步覆盖到本系一、二、三年级学生。

(二)开发"学习评估"调查工具,形成学情调研机制

科学的评估工具应以一定的理论框架为基础。依据本领域影响最为显著的"学生参与"理论和"输入—环境—输出"理论,通过借鉴与创新,开发"基于学的教"的"高职大学生学习评估"三阶段问卷调查工具,通过数据挖掘,依据行业发展与用人单位需求,改进培养方案。

一是进行"输入阶段评估",开发《高职和中职生源的新生调查》,了解新生高

中、中职阶段学习和生活情况及学生个人特征,为学业生涯规划指导做好准备。

二是进行“学习过程评估”,开发《高职大二学生就读经验调查》,评估学生使用学校资源的程度和课内外的学习体验,提供学生自我评价和反思的信息,指导我们发展优秀的教育实践和改进不足之处,促进学生学习环境质量的提高。

三是进行“学习结果评估”,开发《高职大三学生就业能力调查》,全面了解学生三年大学生活和学习后,在认知、技能和情感方面的变化,以评估院系管理的成效,促进学生学习和教育质量的提高。

(三)强化学教三大链接,优化培养方案

一是将“基于学的教”素质育人机制、载体和操作系统编入学生“千日成长指南手册”。

二是力推探究式学习与合作学习的“研讨课”教法改革,优化人才培养方案。以解决学生自主学习动力、课内外学习自律与方法欠缺的现状。研讨课体现了“一个中心、三个结合”原则,即“以学生为中心,课内与课外、学习与研究、科学与人文相结合”,着眼学生尤为重要的可持续发展能力的培养,此项实践,有利于打通大学三年、四年制的连接,与项目教学侧重于操作技能的训练互为补充、相得益彰。

(四)以激励为主,完善考核机制

一是进一步完善系部“教师教学工作业绩考核”制度。以激励为主做加法,将育人工作与教师业绩考核、评奖评优挂钩。

二是逐步完善本系“学生综合测评细则”。

三是建立本项目年度计划、过程实施记录、年终师生总结交流的制度。

四是将研讨课作为必修课设入人才培养方案,规定专门的学分与学时。

四、学法与教法统一的探索

教学质量是教的质量与学的质量的统一,教的质量需要通过学的质量转化实现。所以,要提高教学质量就是要把教与学有效链接起来,学法与教法的统一就是重要的渠道,我们要做的是在学法与教法之间铺路架桥。

根据学生素质养成的三个阶段“认知—实践—内化”,在教学中国际商务系设置三个对应阶段:知其现、示其向、助其想。

第一阶段:知其现,即了解学生的现状,做好学情调研是大厦基石,需要教学线

与学生线全力协同。这其中包括一、二、三年级有侧重的阶段调研，有基本学情与专业学情的调研，有共性学情与个性学情的调研三层内涵，其核心关键是要学情调研制度化、常态化。

第二阶段：示其向，即告诉学生前行的方向，这是教法与学法有效链接的关键所在。衡量这一阶段工作质量的关键是微观教学改革的布点是否科学，要解决课程体系中选择哪些课程进行什么样的微观课程改革这个问题，其逻辑起点是学生学情，其逻辑终点是学生职业发展（优质就业＋可持续发展）。国商系前期经过行业岗位市场调研确定了国商系学生的三大核心竞争力，基于此构建了课程体系，在过去的教学实践中，针对英语应用能力培养，国际商务系在第一、第二课堂分别开展基础英语双能双教改革、商务英语听力零课时改革、专业课程双语教学改革、早读晚听英语能力提升工程、英语精读分层教学等系列改革措施；针对国际商务素质培养，国际商务系重点推进《国际商务文化与礼仪》第一、第二课堂融合综合改革；针对外经贸职业技能培养，国际商务系鼓励专业核心课程积极开展符合课程特点的教学改革，改革形式可以百花齐放。例如，商务英语翻译课程的工学交替使学生得到了现场翻译的实训机会，会展设计实务课程带领学生到展会现场开展现场教学。国际贸易法律法规的合作学习、国际航空货运代理实务的研究式学习。原有项目教学改革，国际商务系更加强调以提高微观课堂改革实效为目的的务实推进，该系推广课程微博，与学生课外互动，引导学生随时关注行业新动态，培养其行业敏感度，同时提高学生的分析能力。

改革进行至此，系部遭遇的最大尴尬是教师的高涨热情与学生的无奈表情之间的冲突。因此，要切实提高改革实效，需要激发学生的学习热情，培养其学习能力，解决高职学生不主动读书与学研、解决问题能力欠缺等问题，因此，拟推行“以学生中心、教师引导的”探究式学习的“研讨课”，强调教师的引导作用与学生的探究式学习。研讨课分阶段侧重点不同，“新生研讨课”着重于一年级适应大学生活、形成基本的学习技术、与学校建立认同与服务关系；二年级“专业基础研讨课”与“专业研讨课”着重培养学生专业兴趣、形成学研技巧与批判性思维；三年级“就业方向研讨课”着重了解企业与职业岗位，确立就业方向。

第三阶段：助其想，强调因材施教，要为学生的个性化发展提供通道，第一、第二课堂的融合是生命线。目前，国商系为学生个性化发展提供的通道主要包括：一是示范班通道，国贸专业组成 20 人规模的精英班，通过加强课外辅导、组织校外参赛、推荐全国竞赛等途径，进一步提升学生的业务能力。二是证赛通道，目前我们的证赛主要有英语类及专业类两类。2012 年浙江省高职高专实用英语口语大赛在大家的努力下取得了历史最好成绩。这两条通道旨在解决常规课堂满足不了学习精英学业需求的问题。三是社团通道，真正引入生产性实训，如，金苑翻译社承接来自企事业单位的翻译任务，组织指导翻译社成员进行翻译，延展了课堂教学的空间，提高了教学质量。四是创业项目通道，将拥有行业资源，自身具备创业潜质的同学组织起来，通过创新创业导师团队指导其创业实践，把这批特色鲜明的学生活力激发出来。共性的培育决定品牌的广度，品牌的高度更需要个性化培育的标杆性成果支撑，第三阶段是教与学有效链接的宽广舞台。

五、第一、第二课堂衔接的探索

第一、第二课堂的衔接是“基于学的教”育人机制建设的重要纽带。传统意义上，第一课堂和第二课堂分别属于教学管理和学生管理两条线。虽然，第一课堂和第二课堂在实践中都有很多亮点，但就像是散落的珍珠，需要有一根纽带把它们串起来，这样才能成为一条美丽的项链。在“国际商务文化与礼仪”课程开展第一、第二课堂衔接的探索就源自于这个自然而又朴素的想法。

“国际商务文化与礼仪”课程是国际商务系的专业群基础课，重点从内外兼修的角度来解决学生国际商务素质这一核心竞争力提升的问题。在课程内容组织上是先礼仪后文化，在方法上是讲练结合。礼仪需要训练，文化需要浸润，而从礼仪这一行为符号到文化这一精神内核则需要自身的实践体认，因此其课程目标仅通过课堂教学是远远无法完成的。同时，国商系本身就有国际商务礼仪大赛这一传统赛事，并从 2011 年起开始举办国际文化节，为此，国际商务系把课程教学和这“一赛一节”等学生活动予以有效结合，取得了一定的成效。

总体设计是：

首先，在教师层面，安排有国外游学及学院外事办工作经历、学工线的老师组织课程的第一、第二课堂活动，系部分管教学及学生工作的领导负责统筹、协调，并以此覆盖教学管理、学生管理两条战线以及课程中的不同教学内容；

其次，在课程安排上，将课程安排由原来的第一学期 2 课时改为第一、二学期各 1 课时，以此覆盖整个大一阶段的学习、养成，并通过第二课堂一直延伸到第五学期学生应聘阶段的面试礼仪指导和职业文化融入上，体现课程学习的纵深；

最后，国际商务系以第二课堂既定的活动衔接第一课堂的教学内容安排：9 月份新生军训，主要教给基本的交际礼仪，如见教官、老师要问好，在寝室里要尊重他人隐私，陌生人见面如何打招呼等；10 月份学生进教学楼学习并参加各类学生会、社团招聘，主要教给学生电梯礼仪、面试等职场礼仪；11 月份结合国际商务礼仪大赛，给予学生更多自我展示的平台，增强学生通过礼仪训练后获得的兴趣与自信；并同时带领学生挖掘商务礼仪及不同国家礼仪背后的文化内涵，让学生在经过一个学期的训练、消化、吸收后，去更好地体认不同的国家文化，最后通过第二学期的国际文化节的形式汇报学生对于不同文化的理解。

因此，教学管理是见微知著的，学生管理是以小见大的。商务礼仪的核心是尊重，国际文化的核心是包容，而学生管理需要的正是尊重和包容。

六、建设成效

"基于学的教"启动以来，从国际商务系学生三大核心能力的培养着眼（即英语应用能力、国际商务素质和外贸职业技能的培养），从管理制度建设、第二课堂建设、系部文化等三个方面着手，着力解决教师与学生、第一课堂与第二课堂以及教法与学法等三个方面的衔接问题，取得了一定的成效，具体如下：

（一）顶层设计一二三课堂人才培养路径系统化

国际商务系人才培养围绕三大核心竞争力培养，即：国际商务素质、英语应用能力、外经贸业务水平。每学年围绕三大核心竞争力培养系统设计第一、二、三课堂载体，按学年度素质能力递进。发布人才成长路径图，全面系统地指导学生成长。

（二）形成三大"全员育人"机制

系部已形成三大育人机制，即从系部到教研室的"调研—反思—改进—再调研"的学情调研机制；包含学生管理工作的教师教学工作业绩考核的教师评价机制；第一、二、三课堂有效衔接的教学工作与学生工作协同管理机制。

（三）丰富创新育人工作载体

系教学工作紧紧围绕坚持不懈提高育人质量的工作目标，利用项目载体推进一线教师教学改革实践不断深化，使学生真正受益。工作项目载体主要包括：

1. 专业建设载体

国际贸易实务省优势专业建设项目、商务英语省特色专业建设项目，国际商务特色院专业建设项目，会展策划与管理中外合作办学项目。

2. 课程建设载体

微课资源建设项目、"基于学的教"教学改革项目及31项子项目、金院好课堂项目、教学与课程建设带头人项目、青年骨干教师建设项目。

3. 素质育人载体

国际商务文化与礼仪第一、第二课堂融合、"方法与创新"课程实践；"早读晚听"英语能力提升工程、"基础英语"双能双教改革、"商务英语听力"零课时改革；专业课程融入职业素养的综合改革。

4. 实践育人载体

证赛载体、卓越人才培养、创业团队培育、系列综合实训课程改革。

5. 文化育人载体

系部文化内涵建设、国际文化节、国际商务礼仪大赛。

(四)务实推进育人改革实践

1. 深化微观课程改革，以项目促改革

依托学校、省和国家级微课比赛、系部"基于学的教"系列课题、学院教学与课程带头人项目与青年骨干教师项目等项目载体。

2. 探索素质教育改革，润育人于有形

一是提升国际商务礼仪素质与跨文化理解素质。推进"国际商务文化与礼仪"课程第一、第二课堂融合改革，将国际商务素质的培育融课、赛(国际商务礼仪大赛)、节(国际文化节)一体，引导与培育学生国际商务素质内化；二是提升学生的英语交流能力，展开系列改革，包括"基础英语"课程双能双教改革、"商务英语听力"零课时改革及配套的"早读晚听"英语能力提升工程；三是基于学情调研推出"方法与创新"课程实践，围绕学生自我认知与提升，培养学生适应大学学习与生活的方法能力。

3. 推进实践育人项目化管理，引学生品牌发展

打造社会实践、创新创业、证赛技艺三个平台的本系特色实践育人体系，成品牌学生与品牌团队。

(1)社会实践平台，深化学生认知社会、了解行业。"我们这五年"——国际商务系2008届毕业生状况调研获得浙江省优秀社会调研称号；会展管理与策划专业利用"会展综合实训"课程通过承办国际商务礼仪大赛和系列生产性实训，提升学生的实践能力；利用"外贸ERP与网络贸易"课程开展POCIB仿真外贸技能校内赛，校内外教师合力提高学生专业技能；国际商务专业通过行业协会创新创业讲座、学生创业实践，提升学生创业能力；商务英语专业通过协会与翻译社团提升学生实践能力。

(2)创新创业平台，培育学生创新创业项目实践能力。一是为有出色创意的同学找有相关专长的指导老师，二是为有创新创业点子的老师找优秀的学生团队，同时利用系部"创新创业协会"平台，对学生采用头脑风暴、小组研讨等方式，共同优

化学生创业项目、“新苗人才”培育项目和“挑战杯”创新创业项目的可行性与可操作性。

(3)证赛技艺平台,引导学生分类发展。一是系部打造一节一赛给学生训练与施展才艺的舞台,二是关注优秀学生成长成才,专业教师和学生管理线合力指导,学生竞赛成绩取得了长足的进步;开设国际贸易实务专业卓越班,以学生职业能力提升、职业素质深化、职业意识强化为主要目标,制定配套人才培养方案,通过各类外贸技能竞赛检验卓越人才培养质量。近年来,国际商务系在学生学科竞赛、学生素质拓展类竞赛取得了一系列国家级和省级竞赛好成绩,如下表所示。

序号	姓　名	获奖名称	获　项	获奖时间
1	熊丽丽	全国高职高专英语写作大赛浙江赛区(英语专业组)	二等奖	2011.5
	张宏广	全国高职高专英语写作大赛浙江赛区(公共英语组)	三等奖	
	薛余雷		三等奖	
2	姚伶俐	第九届浙江省高职高专实用英语口语大赛	二等奖	2012.11
	徐水芬		二等奖	
	翁炫彬		二等奖	
	马慧婷		二等奖	
3	阮锦娜	全国大学生英语竞赛	一等奖	2013.5
	金晓敏		一等奖	
4	王飘逸	第四届浙江省公示语外语纠错大赛	一等奖	2013.5
	钱飞英		二等奖	
5	王艳红、谢丹红、罗晨成	2013年浙江省高职高专院校职业技能大赛报关竞赛	团体三等奖	2013.5
6	王淑婷	第四届全国高职高专写作比赛总决赛(专业英语组)	二等奖	2013.6
7	蔡艳艳等	全国大学生外贸从业能力大赛	团体一等奖	2013.4
8	蒲　婷	全国外贸技能大赛	一等奖	2013.7
	毛龙莹		一等奖	
	姚伶俐		二等奖	
	毛龙莹、蒲婷、姚玲俐		团体一等奖	

续　表

<table>
<tr><th>序号</th><th>姓　名</th><th>获奖名称</th><th>获　项</th><th>获奖时间</th></tr>
<tr><td>9</td><td>张世龙、曹力峰、白慧、文华健、曾　庆</td><td>2013年浙江省高职高专院校技能大赛会展管理竞赛项目</td><td>团体三等奖</td><td>2013.5</td></tr>
<tr><td rowspan="3">10</td><td>楼洁晶</td><td rowspan="3">全国大学生英语竞赛</td><td>一等奖</td><td rowspan="3">2013.5</td></tr>
<tr><td>赵晓敏</td><td>一等奖</td></tr>
<tr><td>章纯燕</td><td>一等奖</td></tr>
<tr><td rowspan="11">11</td><td>蒲　婷</td><td rowspan="11">“南北软件杯”(第一届)全国外贸单证员岗位电子化技能大赛</td><td>一等奖</td><td rowspan="11">2013.7</td></tr>
<tr><td>饶彦洁</td><td>一等奖</td></tr>
<tr><td>毛龙莹</td><td>二等奖</td></tr>
<tr><td>石　茹</td><td>二等奖</td></tr>
<tr><td>蒲　婷、饶彦洁、毛龙莹、石　茹</td><td>团体一等奖</td></tr>
<tr><td>蔡艳艳</td><td>一等奖</td></tr>
<tr><td>谢丹红</td><td>一等奖</td></tr>
<tr><td>戎宇贝</td><td>二等奖</td></tr>
<tr><td>蔡艳艳、谢丹红、戎宇贝、沈　芳</td><td>团体二等奖</td></tr>
<tr><td>沈　芳</td><td>一等奖</td></tr>
<tr><td colspan="1"></td><td></td></tr>
<tr><td rowspan="2">12</td><td>刘白菊、吴培艳、赵婷婷、沈康翔、董琼杨</td><td rowspan="2">浙江省第四届高职高专院校“挑战杯”工商银行创新创业竞赛</td><td>一等奖</td><td rowspan="2">2013.11</td></tr>
<tr><td>谢诗琪、车　萍、张　伟、陆海利、汪翰慧</td><td>三等奖</td></tr>
<tr><td rowspan="3">13</td><td>章　莹</td><td rowspan="3">高职高专实用英语口语大赛</td><td>三等奖</td><td rowspan="3">2013.11</td></tr>
<tr><td>周润达</td><td>二等奖</td></tr>
<tr><td>熊　祺</td><td>三等奖</td></tr>
<tr><td rowspan="2">14</td><td>程　娜</td><td rowspan="2">全国大学生英语竞赛浙江省总决赛</td><td>一等奖</td><td rowspan="2">2014.5</td></tr>
<tr><td>金文磊</td><td>特等奖</td></tr>
<tr><td rowspan="2">15</td><td>张　悦</td><td rowspan="2">全国高职高专英语写作大赛浙江赛区选拔赛</td><td>三等奖</td><td rowspan="3">2014.5</td></tr>
<tr><td>叶万轮</td><td>二等奖</td></tr>
<tr><td>16</td><td>柯乐琴</td><td>全国高职高专英语写作大赛</td><td>三等奖</td></tr>
</table>

续　表

序号	姓　名	获奖名称	获　项	获奖时间
17	陈苗、林淑怡等 20 名学生	POCIB 全国大学生外贸从业能力大赛 2013—2014 赛季	团体一等奖	2014.7
18	陈　苗、林淑怡、邬洁舲	第七届全国职业院校外贸技能竞赛	团体二等奖	2014.7
19	易文珺、李　玲、孔菲菲	2014 全国职业院校技能大赛高职组报关技能大赛	团体二等奖	2014.8
20	曾庆、曹力峰、叶黎浩、冯利杰、沈凯飞	2014 年浙江省高职高专院校技能大赛“会展管理”竞赛	团体一等奖	2014.8
21	白慧文、陈王亿、陈温斌	2014 年浙江省高职高专院校技能大赛“会展管理”竞赛	团体三等奖	
22	叶黎浩、顾金晶、白慧文	2013 年浙江省企业岗位大练兵技能大比武——会展策划师暨首届“东方文化园”杯会展技能大赛	三等奖	2014.8

(4)品牌学生。英语 2009(2)班学生郑婷 2011 年被评为浙江省十佳大学生，2012 年 6 月当选为浙江省第十三次党代会代表，成为浙江省高职院校唯一的学生代表。

4. 积蕴系部文化沉淀，凝精神塑气质

凝练系教育目标与行业文化的系训、LOGO 等形象识别系统；通过持续创新，打造一节一赛品牌活动，开展八届国际商务礼仪大赛和三届国际文化节，2013 年一节一赛的最大突破在于课赛全面融合，会展管理与策划专业将“会展综合实训”课程、“会展策划”课程与大赛系列活动融合，推进国际商务礼仪天下的校内生产性实训的重大改革，大力推进了微观课程改革，使学生扩大国际化视野，达到内炼气质、外塑形象的要求。

国际商务系系徽

国际商务系的学生竞争力要求

(五)通过全员育人管理工作三大机制,提升服务学生千日成长工作质量

1. 以制度建设为切入点,撬动教师"全员育人"

一是将班主任、社团指导、学生竞赛指导、文明寝室建设等学生工作纳入《国际商务系教师教学工作业绩考核细则》。其所占分数可达教师教学工作业绩考核分值的15%,保证了教师参与学生管理工作能得以肯定与褒奖,调动了系部教师参与学生管理工作的积极性。在制度保障下,系部学生工作实现了"安全、稳定",无突发性事情出现。在此基础上,系部牢固确立了"爱生""以生为本"理念。

二是点面结合,依托专业教师、班主任和辅导员,在全系范围内推动"班级学风提升计划"和"学习困难学生帮扶计划"的实施。(1)"学习困难学生帮扶计划",致力于解决三类学生的困难。一是英语学习能力薄弱学生的帮扶;二是技能水平薄弱学生的帮扶,重点解决国际商务系不开设技能课却仍然有少数想进入银行订单班学生的学习需求;三是家庭经济困难学生的创业实践。(2)"班级学风提升计划",本计划以"一月一书"读经典为活动载体、以"转角书屋"(Book Corner)为空间载体、以国际时尚会展协会为学生自主服务载体,初步形成了以双语书籍为特色的国际商务系读书亚环境。

2. 以"基于学的教"育人机制研究为重点,形成育人研究项目成果

将"基于学的教"育人机制建设项目成功列入学院五届一次教代会正式提案,并得以在全院推广。在项目推进过程中,基本确立了系部的学情调研机制,明确育人工作的逻辑起点。

一是为进一步了解学生自身的发展需求和社会的用人需求,本项目开展了国际商务系首届毕业生——2008届毕业生调研、2012级在校生学情调研和2013届毕业生调研、大一新生适应性调研、大三学生就业意向调研,以及不同生源(普高、职高)、性别学生的学情调研,同时在商务英语专业开展了小班化教学改革的实证研究,初步形成了系部的学情调研机制。

二是在推动"基于学的教"项目的同时,形成了一批省级、市级和院级研究成果。通过系部培育与资金支持:(1)"高职国际商务类专业学生课程体验调查的研究与应用"(主持人:谢峰)项目被学院推荐为2013年度省级新世纪教改项目;(2)"我们这五年——国际商务系2008届毕业生调研"项目(指导教师:谢峰、蔡颖华)被评为2013年杭州市大学生志愿者暑期文化科技卫生"三下乡"社会实践活动优秀调研报告一等奖;(3)"'基于学的教'育人机制的内涵、路径与载体"一文获评2013年度思政研究论文一等奖。初步形成了系列化的研究成果。

3. 以学生管理和教学管理协同创新为突破点,重构学生"千日成长工程"

一是系统化重构系部"千日成长工程"。(1)2013—2014学年第一学期,系部

设置了“方法与创新”课程。课程将学生的教学要求、管理要求及自身发展诉求融合到课程之中。(2)结合“方法与创新”课程的要求，修订完成了《我的大学——国际商务系学生千日成长记录》，将学生的自我检视、始业教育、时间管理、学习生涯规划、礼仪学习等新生适应性内容纳入“千日成长工程”，与“方法与创新”课程内容互为呼应，使千日成长记录与人才培养方案、课程教学实现了高度融合，成了课程的“学案”。

二是促进了第一课堂和第二课堂的有效衔接。对接本系课程“国际商务文化与礼仪”的建设，继续打造国际文化节和国际商务礼仪大赛两大品牌活动，每年带动学院学生3000余人次参与；全英文的活动设计，开创了学院学生活动的先河，成了学院最受欢迎、最具国际化特色的学生活动，也承担了国际商务系在学院打造“国内一流、国际知名”高职院校中的责任。

(六)以团学骨干培养为基点，强化学生自我管理团队

一是探索“导生式”的班级建设模式。班级是学生在校生活、学习的基本单元。在大一新生的团支书和班长中探索开展了旨在提升团队协作、自我挑战等能力的素质拓展训练。要求上述学生干部掌握有关素质拓展训练项目的基本方法，使他们可以将此使用到班级建设中来，成为开展班级素质拓展、提升班级凝聚力的“导生”。2015年1月，会展121团支部被评为省优秀团支部。

二是注重在实践中培养团学骨干。注重系团总支、学生会的干部培养和团队打造。2013年和2014年，以团总支、学生会干部为核心成员的暑期社会实践团队出色地完成了“我们这五年——国际商务系2008届毕业生调研”“我们这三年——国际商务专业2010届毕业生调研”项目，该社会实践团队还被授予2013年杭州市大学生志愿者暑期文化科技卫生“三下乡”社会实践活动“优秀团队”荣誉称号。该团队轮流在大一新生中开展该项目的“宣讲会”，既培育了新生的职业发展意识，也种下了国际商务系学生届届相传的文脉。2014年，国际商务系学生会被评为杭州市优秀学生会。

七、工作思考

(一)加强外经贸行业调研与科研，适当改变人才培养被动适应行业发展的不利局面

国际商务系人才培养路径拟紧密关注外经贸行业电子商务与服务贸易发展新

动向，以新型外经贸模式为重点调研与科研方向。一方面发挥专业特长提升为企业服务的能力；另一方面，将行业跨境贸易电子商务、服务贸易发展率先融入专业建设与课程改革，提高人才培养的前瞻性，增强学生就业的竞争力。

（二）深化特色人才培养路径与载体，因材施教系统化、模式化、制度化

对于各专业特色人才开展因材施教培养，对于学生业务精英、技能精英与创业精英加大针对性的特色培养力度，进一步创新特色人才培养路径、挖掘特色人才培养载体，使因材施教能够系统化、模式化与制度化，厚积薄发打造国际商务系育人品牌。

（三）深化推进“基于学的教”育人机制建设

一是调动全体教师深入挖掘，形成系统成果，更好地将学情调研成果转化为“教学生产力”，彰显国际商务系的育人品牌；二是需要更多地关注“班级”这个基层学生组织的建设，打造若干个品牌班级或团队，更好地凝聚班级战斗力，及时纠正各类违纪违规现象，展现国商学子富有“洋气、正气和朝气”的精神风貌；三是需要更多地关注学生成长成才中的多元化需求，在分类引导，加大力度培养品牌学生的同时，不忘关注弱势群体学生，包括家庭困难、学习困难或心理困难的学生，彰显系部对于学生的终极关怀。

信息技术系“以学生社团为核心”的高职信息技术类专业育人实践研究

众所周知，我国高等职业教育是当前高等教育发展过程中重要的组成部分，它以育人为本，坚持立德树人，实践育人，以培养学生高素质的专业技能和创新能力为重点，肩负着培养面向社会生产、服务第一线需要的高技能人才的使命。因此，如何在现有的教育环境下，不断更新育人方法与手段，进一步提升学生的专业技能和综合素质已成为高职院校育人过程中所思考的重要命题。尤其作为高职信息技术类专业学生，由于信息技术的飞速发展使得计算机方面的新技术和新内容层出不穷，这就要求高职院校在培养学生机制上不断与时俱进，推陈出新。然而，多年来高职院校信息技术类专业育人环节还是存在理论与实践有所脱节，学生的实践动手能力仍然不高，导致培养的人才不能很好地适应企业需求的问题。甚至在有的学校，实践能力培养模式陈旧，效果不佳，实践教育过分依附理论教学。总体而言，学生的专业实践动手能力培养模式还有待完善。

有鉴于此，信息技术系根据学院《浙江金融职业学院关于扎实推进更高品质幸福金院建设的若干意见》文件的相关要求与精神，积极部署和落实，期望通过建设系部育人工作品牌项目这一有效途径，依托信息技术系“E 帮帮”学生社团为核心，发挥信息技术系学生专业特长，通过开展服务学院、教师与学生等一系列第二课堂活动来营造专业氛围，提升学生专业实践能力，提高学生综合素质。在项目具体实施过程中，通过分组优化，积极发挥专业教师的优势，建立导师、导生相结合的育人机制，发展网络云端学习平台，形成导师宏观指导社团，培养、挑选导生，导生做好“传、帮、带”，培养社团新成员，社团全体成员借助云端网络资源自主学习并积极参加线下专业实践的良好局面，建立一种在第一课堂之外，积极开展第二、第三课堂的有专业特色的高职信息技术类专业人才培养的路径。

一、研究基础

2010年，《国家中长期教育改革和发展规划纲要》提出，我国要建设成人力资源强国，需要培养造就数以亿计的高素质劳动者、数以千万计的专门人才和一大批拔尖创新人才。作为大众化的高等教育重要组成部分的高等职业教育，它承担着向社会培养提供生产、服务一线需要的高技能专门人才的重任，对于促进就业，改善民生，构建和谐社会发挥着不可替代的作用。因此，在高职院校中大规模地培养高素质、高技能、有创新能力和发展潜力的人才，满足经济社会发展的迫切需要，使之成为相关行业的技术能手和带头人，是落实《国家中长期教育改革和发展规划纲要》的精神，服务地方经济发展的必然要求。

在高职院校信息技术类专业中，学生社团作为发展创造性思维，激发自我积极性，展现自身个性的学生自发组织，是高职院校信息技术类专业培养高技能人才和实现育人目标的重要阵地和摇篮。通过学生社团活动，能激发学生创新灵感，发挥自身才华，实现主动学习，正如德国著名教育家费希特所说："在这种面向所有学生的教育中，学生们不管其天赋能力如何，都无例外地热爱知识并愉快地学习……激发学生对学习纯洁之情的途径，那就是鼓励学生自发的活动，并使这成为获得知识的基础，从而让学生无论学习什么都通过他们自身的活动来学习。"因此，以学生社团为核心，高职信息技术类专业开设第二课堂的重要性主要体现在以下几个方面：

首先，学生社团为信息技术类专业学生提供了自主学习的环境。高等教育与其他教育的区别就在于高等教育不是一味地给学生去灌输多少的知识，因为当前人类正处于知识大爆炸的时代，科技日新月异，因此高等教育的目的即让学生学会学习，养成自主学习的习惯。学生社团活动能极大地扩展信息技术类专业学生自主学习的空间，有利于学生依据自身的需要，通过多种渠道、多种形式，学到第一课堂以外更多有利于自身发展的专业技能和知识，开阔视野，不断增强综合素质，提高专业水平。

其次，学生社团能满足信息技术类专业学生实践训练的需要。实践是检验真理的唯一标准，信息技术类专业学生只有将自身课堂学习到的理论知识通过实践转化为现实成果，才能真正实现提高自身创新能力的目的。同时，也只有在实践中不断地磨炼和检验，才能进一步激发学生的创新意识。通过学生社团活动，不仅能锻炼学生日常社会交往能力，更重要的是让学生在活动中加深了对课本理论的认识和理解，促进其旺盛的求知欲，培养了探索精神和坚强意志，从而使其进一步寻找创新的源泉，为将来的成功打下坚实的基础。

再次，学生社团为信息技术类专业学生营造了创新发展的环境。计算机技术作为当今世界充满无穷活力的技术，需要一大批具有创新精神和自我个性的人才。通过学生社团组织的各项专业活动，学生可以充分享受到这种创新活力的熏陶，让学生借助一批批成果的出炉感受到成功的喜悦。学生社团为学生技术创新和思想自由提供了广阔的平台，活跃了学生的思维，激励了学生不断推陈出新，促进其自身个性发展，满足其个性展现的需求。

最后，学生社团能满足信息技术类专业学生情感发展和人文情怀的需要。对于信息技术类专业学生而言，乐观开朗，积极向上，充满人文情怀，不但自身身心健康，更有利于自我潜能的开发。传统的教育模式过分强调知识的传授，忽视学生情感发展和人文情怀的培养，这直接影响学生身心和情感生活。而学生社团活动正好能弥补学生这方面发展的需要，让他们在活动中实现自尊心和自信心的满足，有利于其兴趣爱好的培养，促进学生人文情怀和完美人格的养成，从而切实提高学生的综合素质。

总之，学生社团作为高职院校信息技术类专业富有活力的重要组成部分，是构建特色校园文化的主力军。因此，如何依托学生社团来有效提升学生专业实践能力一直是摆在高职信息技术类专业面前的一道难题。在开展育人工作品牌项目之前，信息技术系在准备阶段积极转变思想，牢固树立“以培养学生实践能力为本位”的观念，明确项目目标，努力强化学生第一课堂所学的知识，将其应用服务于学院相关部门及教师与学生。通过学生社团活动的开展，提供一系列高品质的教学信息化服务，辅助推进学院的信息化建设。同时，改善传统的实践方式，以学生为中心，在实践中学习，围绕“动”字展开工作，即加强手动，学习主动，沟通互动，使学生学会应用，学会学习，学会创新，丰富教学实践内容，建立起一种新的实践组织形式和长效运行机制。同时，信息技术系通过问卷调查和访谈等形式，基本摸了系学生的现状及所面临以下主要问题：

（一）学院现有教学实践客观限制导致学生实践能力不强

信息技术系作为学院唯一的理工科系，共有564名学生，因为专业特点而强调学生专业动手能力的培养。这几年来开展了诸多的教学改革，成果显著，但还是存在更多地强调教师“如何教”而忽略学生“如何学”的问题。由于教学过程中时间与空间的客观限制，必会存在因为学生自我成就感不高，专业兴趣相对缺乏而导致的实践能力较弱的问题。

（二）学院缺乏相关有效载体导致学生专业实践活动少

众所周知，当前高职院校的第二课堂作为第一课堂教学的延伸与补充，在拓展学生综合素质，提高学生专业技能水平，潜移默化地培养学生的科学精神和人文情怀发挥着重要的作用。然而由于缺乏相关有效载体，导致学生在第二课堂中专业实践活动相应较少，缺乏组织性。通过系部学生问卷调查发现有 78%的学生希望增强现有教学内容与实际应用贴近程度，提升自我综合能力。因此如何依托现有学生社团，让学生借助第一课堂所学的知识在第二课堂中勤动手，为学院相关部门及教师、学生提供信息化服务与支持，并完善相关机制是信息技术系在项目实施过程中所要优先考虑的问题。

（三）学生社团内部机制欠缺导致学生实践效果不佳

现有学生社团一般由学生自发组织建立，内部管理松懈，组织机制欠缺，导致学生在开展实践活动时最终的效果欠佳，因此如何发展出一套有效的管理育人机制尤为重要。通过问卷调查发现本系有 16%的学生有在高中阶段相关技能比赛中获奖，这说明学生有较强的专业技能基础，所以以学生社团为载体，通过分组优化，由优秀学生带领，在专业教师的指导下，完善导师、导生相结合的育人机制，发展网络云端学习平台，形成导师宏观指导社团，主要培养、挑选导生，导生做好“传、帮、带”，培养社团新成员，社团全体成员借助云端网络资源自主学习的良好局面将是可行的。不仅可以增强学生对专业的兴趣，挖掘学生的潜能，培养大胆创新，独立思考的意识，提升自我观察、思考与解决问题的实践能力，也可以推进与发展学院的信息化建设，让学生与教师共同参与其中，学有所得，学有所获。

有鉴于此，信息技术系由学生工作线教师牵头，组建了一支专业化的指导老师团队。分别是由侧重社团管理的指导老师团队和侧重专业技术的指导老师团队组成：系党总支副书记负责制定项目总体规划，对项目的运作进行全局把握，指导与协调各部门工作，实现项目高效开展。学工老师负责执行开展项目具体实施，定期或不定期组织召开团队会议，完善并建立起一整套长效运行机制。专业老师负责项目过程中对学生进行相关的专业指导和帮助，提供技术支持，引导学生更好地完成相关作品。同时，在开展育人品牌项目中，组建了学生社团“E 帮帮”，“E 帮帮”社团共有 90 名成员组成，通过分组优化，共分为三个大组，分别是系统组、办公组和多媒体组。系统组主要负责计算机系统维护与清洁维修活动。办公组主要负责专业 PPT 制作和文字排版工作。多媒体组主要负责各类专业作品的设计与制作以及教学视频与动画拍摄处理工作。在三大组基础上，通过前期的自愿报名，申报项目，公开答辩，信息技术系共组建七个导生项目小组，分别是系统组两个、办公组两个、视频组两个、多媒体组一个，负责各自小组成员线上云端学习与线下实践活动，确保活动顺利开展。

为保证育人品牌项目的顺利开展，让其真正以学生社团为核心实现拓展学生综合素质，提升专业技能，打通与第一课堂学习的连贯性，信息技术系也确定了基本的项目活动实施原则。

一是以培养专业技能为核心。高职教育作为职业教育，不管第一课堂还是第二课堂都应以就业为导向，以培养学生进入职场所需要的技能和素质为目标。因此在项目开展活动中始终应以培养学生专业技能为核心，紧紧围绕就业市场的需求，依托学生社团的开放性，多层次多形式地开展各类提升学生专业技能的活动，让学生尽可能地缩短从学生角色到职场角色的时间，尽快融入工作环境，满足用人单位的要求。其中包括计算机技术应用能力，办公自动化操作能力，沟通协调能力，独立处理信息能力，良好的文字表达能力以及职场应有的观察能力、判断能力、应变能力等。

二是与第一课堂相辅相成，共同配合。正如前文所述，高职信息技术类专业学生专业技能仅仅依靠第一课堂教学是难以实现，有必要通过长期的、大量的第二课堂活动来潜移默化地培养。但在开展第二课堂活动时，也不能片面追求数量，盲目开展各类种类繁多、质量参差不齐的活动，从而导致与第一课堂的脱节，忽视了与第一课堂学习的紧密度，让学生在校期间每天忙于应付各类活动，无法专心学习专业技能。因此，在开展第二课堂活动中将第一课堂与第二课堂放在同等重要的位置，努力确保两者的连贯性，按年度制定实施方案，明确第二课堂活动内容，考核形式。通过第一课堂与第二课堂有效结合，更好地鼓励学生学习专业技能，激发自身的积极性，打造学生的核心竞争力。

三是以学生为主体，教师积极指导与督促。项目的开展，尽管主体以学生为主，但教师不能缺位。教师的参与指导，不仅能保证项目开展活动的质量与特色，更重要的是能促进学生专业能力的提升，及时解决项目开展活动中存在的主要问题，为学生遇到的困难提供帮助，确保项目开展活动的质量和效果。信息技术系在项目开展前明确要求教师要对学生的特长与兴趣进行有针对性的辅导，让学生的兴趣与特长从无到有，逐步发展。本着学中有乐、乐中求学、学有所长的思想，讲求指导实效，坚持指导与督促相结合，课内与课外相结合，普及与提高相结合。让学生通过项目活动，使其实践能力，从低到高，循序渐进，逐步提高，同时教师要对成绩突出的学生给予表彰奖励。

四是学生社团自我管理与激励。育人项目以学生社团为核心开展活动，因此加强学生社团的自我管理，通过激励机制吸引更多的优秀学生主动参与到项目中来显得尤为重要。学生社团通过制定本年度的项目计划，让项目活动有计划、有目的、有步骤地进行。同时不断丰富和创新活动内容和形式,使每个学期都有衔接,不半途而废。同时系部建立学生第二课堂的评价体系,注重第二课堂的学习评价与考核,将学生在第二课堂的表现与成绩作为综合素质考核、评奖评优等重要指标。

五是以服务对象评价进行考核。为确保项目活动的学习效果,让其能促进学生技能和素质的协调发展,需要建立一套考核机制,这不但有利于学生自身个性与能力的发展,也有利于教师通过反馈及时优化改善教学方法和手段。信息技术系在开展项目活动中,通过学生社团设立相关考核制度,按照公正、客观的原则,进一步提高学生参加项目的积极性,让育人项目不断走向制度化与规范化。

二、主要措施

(一)活动内容

在过去两年中,根据专业人才培养目标,围绕学生专业技能的提升,以学生社团为核心,信息技术系开展育人品牌项目的主要活动形式有以下几种。

一是思想道德类。主要培养学生的政治素质和道德素质。通过各种公益活动,激发学生的爱心和责任心,增强社会责任意识,传承和弘扬中华民族优秀传统文化,陶冶情操,修身养性。信息技术系在项目开展过程中用正确、积极、健康的思想文化来引导学生思想工作,增强思想政治工作的针对性和实效性,以弘扬社会公德、职业道德、个人品德为导向,以推进社会主义核心价值观教育为目的,以社会志愿服务为载体,通过与“青慈孝友会”等社会公益组织的合作,提升学生公民思想道德素质和社会文明程度,贴近生活、贴近社会、贴近群众,寓教育于活动中。其中包括:(1)结合本系专业教育,开展具有鲜明专业特色的社会志愿服务活动,深入下沙高教园区教师社区,帮助教师进行计算机的日常维护与维修;(2)在专业教师指导下,通过打造本系特色的微信、微博、网站等平台积极开展思想教育宣传活动;(3)充分利用重大节日或重要历史事件为契机,开展爱国主义、理想信念为主题的绘画、演讲活动,如“我心中的中国梦”绘画比赛,金色校园 PPT 演讲比赛,通过学生喜闻乐见的形式,在深深吸引学生参与其中的同时,注入了思想教育的元素,让学生思想素质得以进一步提升。

二是身心素质类。主要通过各类体育活动和心理健康教育活动,鼓励学生锻炼自身体质,强化意志品质,发展个性,保持心理健康。针对学生面临日益激烈的社会竞争,呈现出学习压力、就业压力等不断增大的趋势,信息技术系系统地规划了关于提升学生身心素质的活动。(1)心理素质第二课堂。通过与学院心理教育的老师开展合作，通过制作心理健康教育专题的 PPT、Flash 等来促进学生关注自身的心理状况，提升心理素质。同时利用本系心灵心语空间以及寝室留言袋，帮助学生进行心理疏导，培养良好的情操，并结合本系专业课程基础，从色彩心理学入手，让学生了解自身的性格特质，更好地处理相互间的人际关系。(2)身体素质第二课堂。在学院体军部等相关老师指导下，通过举办“和谐信息，趣味运动”之趣味运动会、“信息 E 家”之寝室文化大赛、篮球赛等丰富多彩的各类文体活动吸引更多本系的学生参与其中，强健体魄，锻炼心志，培养相互合作，团结拼搏的精神。

三是专业素质类。作为高职信息技术类专业第二课堂的核心内容，主要培养学生专业核心技能，并通过技能实践潜移默化地塑造学生的职业意识，让学生成功就业并实现可持续发展。为使专业素质类第二课堂活动更加富有成效，信息技术系将其分为四大模块：服务校园信息化建设、多形式专业技能竞赛、专业实践基地与展示活动、专业企业培训活动。

1. 服务校园信息化建设

通过参与服务校园信息化建设，一方面可以增加现有教学的信息容量，提高教师教学的效率，促进教学目标的实现，达到教学内容与教学手段及方法创新，另一方面也可以锻炼与强化学生自身的专业技能，进一步促进学生提高学习的质量和效率。信息技术系以“E 帮帮”学生社团为核心充分发挥学生在信息技术专业技能上的特长，积极服务学院的相关系部与部门，让学生在参与学院相关教学活动的过程中增长才干，锻炼技能，同时促进教师教学信息化水平的提升。通过制作一系列高品质、专业性的教学视频与动画，让学生在第二课堂充分利用课堂所学的专业知识服务于教师，教学相长，共同进步，推进学校的信息化建设。

2. 多形式专业技能竞赛

以学生社团为依托，在校内定期举办各类技能大赛，考察学生的专业技能，调动学生的积极性，让其通过比赛发现自己的优点，开发潜能，树立信心。同时，教师也能通过比赛检验第一课堂的教学质量，及时调整教学的手段和方法。信息技术系在专业教师指导下，坚持通过多渠道、多形式组织开展各类专业技能比赛，如“描绘专业——创意 Logo”设计比赛，“阳光社区，幸福金院”DV 大赛，“微我吧！亲!”计算机维修维护活动，青春纪念册制作大赛等帮助学生加深对课堂所学知识的理解，激发学生科技创新意识。同时，本系以参加“挑战杯”等学科竞赛为契机，组织学生开展生产工艺革新及产品创意设计大赛，将学生研究方向与就业、创业相结合，提高自身创新能力，夯实动手能力。

3. 专业实践基地与展示活动

专业实践基地主要指按照学校部署，依托专业实践基地，结合自身实际，组织学生开展各类专业技能实践，同时通过专业展示活动，发扬学生个性，拓展学生视野。信息技术系以学院专业实验室为平台，通过制定相应措施，加大实验室开放力度，促进学生专业技能的锻炼。同时，借助本系特有的“异芯 E 梦”下沙高校信息文化交流会，以专业作品展示、专业培训与座谈会等形式，拓宽学生的知识面，增强自身的竞争力。

4. 专业企业培训活动

通过专业企业的培训和宣讲活动，让学生的行为规范、职业意识、职业能力与企业需求相一致，体现自身更多“职业人”的特色。依托专业企业，开展各类专业活动进一步培养学生职业素养，让学生具备爱岗敬业、吃苦耐劳的职业态度，具备良好的职业操守和道德。信息技术系与华硕、达内等国内优秀的 IT 企业建立联系，通过开展专业培训活动，让学生学到实用的技巧，解答了心中的困惑，提高计算机综合技能水平，为进一步深化校企合作打下良好的基础。

（二）活动形式

在开展此次育人品牌项目活动中，信息技术系通过云端平台，建立了以百度云盘、360 云盘为核心的云端学习平台，在平台上根据项目团队的专业方向及团队特点分类建库，上传相关的学习内容。学生通过云端平台进行自主学习。同时，社团通过安排学生参与实际的实践活动，让学生在实践过程中强化其动手能力，并将在实践过程中所获得的心得体会反哺到云端学习平台。信息技术系育人品牌项目活动形式具体包含以下两个部分。

1. 线上云端学习

系统组学习系统维护，包括 Windows NT 系列操作系统、Windows XP、Windows 7、Windows 8、Mac 系列操作系统、Linux 系列操作系统等系统的安装及配置，包括硬盘分区（块），创建分区，调整分区，格式化，格式转换，跨系统硬盘格式支持，MBR，GPT 格式转换，Ext、Ext2、Ext3 间的转换，了解 HSF 格式的特性，掌握 HSF 分区的挂载，了解 Linux 内核系统中可移动存储设备的挂载，了解以上三系系统的引导模式。学习拆装普通家用台式主机包括机箱，硬盘，内存，CPU，主板，显卡，电源，声卡，网卡及各种板卡，线路的拆解安装调试。学习拆装笔记本电脑包括拆装笔记本键盘，光驱，内存，网卡，硬盘等，以及微机硬件调试。

办公组学习制作 PPT 基本动画，并且学习多种场合的 PPT 制作，针对各种场合的适用 PPT 分阶段学习，PPT 进阶的初步认识，模仿多个 PPT 实例进而制作属于自己的 PPT 模板。详细认识 PPT 内部各种插件的使用，以及 PPT 中如何与 Word、Excel 等办公软件的配合。认识 PPT 的构架，简述 PPT 演讲时应该注意的重点，使学员在从演讲者的角度出发制作 PPT。认识多种 PPT 插件的使用，比如使用 MP3 Addin 插件使音乐内嵌 PPT，利用 Circc Tools 来处理 PPT 中的图片等。深度挖掘 PPT 中鲜为人知的功能，比如：图形联合、图形交点等。利用现有网络资源收集 PPT 素材，图片、图表、模板等，学习并临摹优秀 PPT 作品，并懂得在不同使用环境下制作不同风格的 PPT。

视频组学习 AE、PR 等非线性视频编辑软件操作，学会制作微课脚本，掌握索尼高清数码设备的拍摄，懂得基础视频剪辑手法及特效、字幕制作。

多媒体组学习多媒体设计软件 Adobe Photoshop、Adobe Illustrator、CorelDRAW 三大软件的技巧与制作，完成一个完整的微信公众平台制作及发布与推广，参与设计制作出一系列海报成品。

2. 线下实践活动

系统组积极开展各类义务校园内外维修活动，自项目活动开展以来，系统组累计义务维修 500 余台电脑，全体成员累计服务时间超过 5000 小时。

办公组制作了一系列高品质的 PPT 作品，以心理教育、专业课程为主，服务了校园广大专业教师。同时还主动参加完成学校 2014 年毕业典礼及浙江省挑战杯创新创业竞赛 PPT 制作，获得良好的效果。主要成果如下：

PPT 作品				
序号	制作时间	制作负责人	作品名称	服务老师/系部
1	2013.10.19	陈　梁	人生十乐	叶　星
2	2013.10.19	罗　倩	人生十乐	叶　星
3	2013.10.19	施克颖	人生十乐	叶　星
4	2013.10.19	王超琪	人生十乐	叶　星
5	2013.10.19	杨　科	人生十乐	叶　星
6	2013.10.19	杨　柳	人生十乐	叶　星
7	2013.10.19	叶凯欣	人生十乐	叶　星
8	2013.11.11	陈　梁	态度第一	叶　星
9	2013.11.11	付　恬	态度第一	叶　星
10	2013.11.11	施克颖	态度第一	叶　星
11	2013.11.11	童晶超	态度第一	叶　星
12	2013.11.11	吴　潇	态度第一	叶　星
13	2013.11.11	吴卓飞	态度第一	叶　星
14	2013.11.11	杨　柳	态度第一	叶　星
15	2013.11.11	叶郑琦	态度第一	叶　星

续 表

序号	制作时间	制作负责人	作 品 名 称	服务老师/系部
16	2013.12.17	陈 梁、施克颖	衣冠禽兽	叶 星
17	2013.12.17	杨 科	衣冠禽兽	叶 星
18	2014.03.22	陈璐佳、陈 梁	心理暗示	叶 星
19	2014.04.22	陈 梁	大数据时代微视频资源的教学实践应用探析	张国民
20	2014.05.05	施克颖	在线图书销售系统的设计与实现	王子慷
21	2014.05.06	陈 梁	商务英语翻译	胡囡囡
22	2014.05.17	施克颖	浙江省挑战杯创新创业竞赛	刘 斯
23	2014.05.30	施克颖	借力云端双导育人	莫淦清
24	2014.06.02	施克颖	金院毕业季	王 瑛
25	2014.06.15	陈 梁	课堂设计总纲要	王 瑛
26	2014.09.16	陈竹君	微课堂要点纲要	路淑芳
27	2014.09.23	陈 梁	PS 笔刷设计	周 晶
28	2014.09.23	施克颖	OFFICE2010 宏设计	张 媛
29	2014.10.09	曹伶俐	穿越“死亡之路”求学的各国学子	叶 星
30	2014.10.16	曹伶俐	1952 年的幼儿教育海报	叶 星
31	2014.10.20	陈竹君、邱妙红	浙金院文化体系	王懂礼

视频组全程参与完成国际商务系浙江省精品课程“大学英语”的拍摄及后期制作,制作完成会计系、国际商务系、经营管理系、科研师资处等一系列共 70 个微课拍摄及后期制作,制作 2013 年、2014 年教师节音乐电子贺卡,完成千日成长工程宣传视频等。主要成果如下:

视 频 制 作

序号	制作时间	制作负责人	作 品 名 称	服务老师/系部
1	2013.12.25	李立港、林国圣	银行授信业务 1	邱俊如
2	2013.12.25	李立港、林国圣	银行授信业务 2	邱俊如
3	2013.12.25	沈浩祥、林国圣	银行授信业务 3	邱俊如
4	2013.12.25	沈浩祥、林国圣	银行授信业务 1	吴国平
5	2013.12.25	沈浩祥、李立港	银行授信业务 2	吴国平

续 表

序号	制作时间	制作负责人	作 品 名 称	服务老师/系部
6	2013.12.25	沈浩祥、李立港	银行授信业务 3	吴国平
7	2013.12.25	沈浩祥、李立港、林国圣	银行授信业务 4	吴国平
8	2013.12.25	沈浩祥、李立港、林国圣	银行授信业务 5	吴国平
9	2014.02.27	魏　勐、陈　梁	信息技术系:我的班级	信息技术系
10	2014.03.05	谷炳文、沈浩祥、魏勐、叶赛杰、俞国炎	信息技术系:我的社团	信息技术系
11	2014.03.05	魏　勐、叶赛杰、俞国炎	国际商务系:我的手机	国际商务系
12	2014.03.05	魏　勐、叶赛杰、俞国炎	金融系:我的班级	金融系
13	2014.03.18	沈浩祥、林国圣	大学英语 1	秦诗雨
14	2014.03.18	沈浩祥、林国圣	大学英语 2	秦诗雨
15	2014.03.21	李立港、林国圣	大学英语 1	陈艳丽
16	2014.03.21	李立港	大学英语 2	陈艳丽
17	2014.03.21	李立港、林国圣	大学英语 3	陈艳丽
18	2014.03.21	李立港	大学英语 4	陈艳丽
19	2014.03.24	沈浩祥	大学英语 1	张霞霖
20	2014.03.24	沈浩祥	大学英语 2	张霞霖
21	2014.03.28	叶赛杰	保险业务	王　华
22	2014.03.28	叶赛杰	单位列会	王　华
23	2014.03.28	叶赛杰、魏　勐	金融行业男员工领带系法:半温莎结	王　华
24	2014.03.28	叶赛杰、俞国炎	金融行业日常中式宴请礼仪	王　华
25	2014.03.28	叶赛杰	金融行业涉外签约仪式	王　华
26	2014.03.28	叶赛杰、俞国炎	金融行业员工的电话礼仪	王　华
27	2014.03.28	叶赛杰、魏　勐	金融行业员工围巾系法之一	王　华
28	2014.03.28	叶赛杰、俞国炎	金融行业员工仪态礼仪	王　华
29	2014.03.28	叶赛杰、俞国炎	涉外金融礼仪基本知识	王　华
30	2014.03.28	叶赛杰	握手礼	王　华
31	2014.03.28	叶赛杰、魏　勐	银行大堂咨询	王　华
32	2014.03.28	叶赛杰、魏　勐	综合礼仪展示	王　华

续　表

序号	制作时间	制作负责人	作品名称	服务老师/系部
33	2014.04.09	叶赛杰	(微课)浑圆桩	靖庆磊
34	2014.04.09	俞国炎	(微课)瑜伽课	王海棠
35	2014.04.10	魏　劢	(微课)野外拓展	朱海莲
36	2014.04.16	魏　劢、叶赛杰、俞国炎等	E梦	信息技术系
37	2014.04.23	徐叶晖	(微课)会计静态等式	刘　丽
38	2014.04.23	徐叶晖	(微课)善待你的个人信用报告	王玲燕
39	2014.04.28	徐叶晖	(微课)行业风险分析	陈树元
40	2014.05.07	魏劢等	异芯E梦晚会	信息技术系
41	2014.05.09	戚迁迁	(微课)Hotel Service	杨　觏
42	2014.05.13	徐叶辉	(微课)或有事项	杨　艾
43	2014.05.13	徐叶辉	(微课)征信系统的三种模式	何秋野
44	2014.05.15	徐叶辉	(微课)库存现金监盘	陈燕燕
45	2014.05.29	戚迁迁	(微课)Advertisement	陈小近
46	2014.05.30	徐叶辉	(微课)职工薪酬核算	赵　筠
47	2014.06.03	俞国炎	(微课)杜邦分析	余　磊
48	2014.06.03	俞国炎	(微课)什么是营改增	王　艳
49	2014.06.03	俞国炎	(微课)账户结构	施金影
50	2014.06.08	戚迁迁	(微课)Invitation	郭　颖
51	2014.06.08	戚迁迁	(微课)Translation of English slang	王　琼
52	2014.06.08	俞国炎	(微课)产品销售收入确认的业务核算	倪丽丽
53	2014.06.09	魏　劢	(微课)Ordering food at a restaurant	秦诗雨
54	2014.06.09	魏　劢	(微课)固定资产加速折旧核算	谢春苗
55	2014.06.09	徐叶辉	(微课)财务报告目标	王美鸾
56	2014.06.09	徐叶辉	(微课)成本核算流程	伊　娜
57	2014.06.09	徐叶辉	(微课)股利支付形式	许　辉

续 表

序号	制作时间	制作负责人	作 品 名 称	服务老师/系部
58	2014.06.09	徐叶辉	(微课)会计对象	雷 舰
59	2014.06.09	徐叶辉	(微课)长期股权投资成本法	孙 博
60	2014.06.09	俞国炎	(微课)财务管理现金管理	彭 博
61	2014.06.11	叶赛杰	错账更正的方法	范春莲
62	2014.06.13	戚迁迁	(微课)Asking for and giving	吴 唯
63	2014.06.13	魏 勐	会计假设会计主体	姚军胜
64	2014.06.13	魏 勐	什么是会计	杨 洁
65	2014.06.13	魏 勐	(微课)企业纳税实务	杨智勇
66	2014.06.13	徐叶辉	(微课)银行存款余额调节表	傅红英
67	2014.06.13	叶赛杰	(微课)At the airport	陈艳丽
68	2014.06.13	叶赛杰	(微课)A bite of china	李 佐
69	2014.06.13	叶赛杰	(微课)How to make a business phone call	张霞霖
70	2014.06.13	叶赛杰	原始凭证的填制	薛 燕

多媒体组制作完成了浙江金融职业学院第十五届运动会 LOGO 设计，学生素质综合管理系统、浙金院在线问卷调查系统、教务处学生电子课堂笔记、浙金院二十四节气明信片、完善了信息技术系 E 帮帮微信公众平台与推广，制作了一系列高品质的海报作品。主要成果如下：

网站制作与服务

序号	制作时间	制作负责人	作 品 名 称	服务老师/系部
1	2013.10.12	骆润其	信息技术系系网站	信息技术系
2	2013.10.31	骆润其	信息技术系数据调查系统	信息技术系
3	2013.12.26	王美燕	信息技术系新闻发布 APP	信息技术系
4	2013.12.27	骆润其	国际商务系数据调查系统	国际商务系
5	2014.03.24	张思佳	宣传部网站服务平面设计	宣传部
6.	2014.05.12	张思佳	招生就业处各类技术服务	招生就业处

续 表

Flash 制作				
序号	制作时间	制作负责人	作品名称	服务老师/系部
1	2013.09.02	陈斌权	国家教学资源库——残损币动画	金融系
2	2013.09.02	吴　帆	国家教学资源库——假币动画	金融系
3	2013.09.02	许佳敏	国家教学资源库——接库动画	金融系
4	2013.09.02	许佳敏	国家教学资源库——送库动画	金融系
5	2013.09.02	汪茂林	国家教学资源库——重要空白凭证出售——以支票为例动画	金融系
6	2013.09.06	沈佳楠	2013 年教师节音乐贺卡	团　委
7	2014.09.02	俞国炎	2014 年教师节音乐贺卡	团　委
8	2014.04.16	吴　帆	教学资源库——卖木梳动画	经营管理系
9	2014.04.16	朱静静	教学资源库——调研动画	经营管理系
10	2014.04.16	杨　柳	企业形象管理系列动画	经营管理系
11	2013.11.20	吴　帆	栀子花	信息技术系
12	2013.11.22	许佳敏	水的旅途	信息技术系
13	2013.11.22	杨　柳	年与轮	信息技术系
14	2013.11.22	陈雅丽	Sunflower	信息技术系
15	2013.12.09	李立港	信息技术系微课季宣传视频	信息技术系

电　子　书				
序号	制作时间	制作负责人	作品名称	服务老师/系部
1	2013.10.09	赵晨立	《会计基础》金融 125 蔡漪	教务处
2	2013.10.23	赵晨立	《货币金融学基础》计算机 122 庄晓芳	教务处
3	2013.10.23	赵晨立	《经济学基础》房产 121 叶欣茹	教务处

海　报				
序号	制作时间	制作负责人	作品名称	服务老师/系部
1	2014.05.06	俞盈影	童年	信息技术系
2	2014.05.08	孙宸豪	童年	信息技术系
3	2014.05.11	何　婷	童年	信息技术系
4	2014.05.11	廖璐璐	童年	信息技术系
5	2014.05.11	翁陈莹	童年	信息技术系

续 表

LOGO				
序号	制作时间	制作负责人	作 品 名 称	服务老师/系部
1	2013.10.06	张思佳	挑战杯 LOGO	团 委
2	2013.11.21	张思佳	工作证	信息技术系
3	2013.11.24	张思佳	邀请函	信息技术系
4	2013.12.19	瞿杰凯	金融系系徽	金融系

(三)机制保障

在项目活动具体实施过程中,信息技术系通过建立一系列相关工作与激励机制来吸引本系更多的优秀学生主动参与到项目中,其中具体机制如下:

第一,积分奖励制。信息技术系在“E帮帮”社团内部设立积分奖励制度,按照公正、客观的原则,学生可以通过参加活动来获得积分,依据积分累计的数值,来评定一至三级技能达人及获得相关物质奖励,这样进一步提高了学生参加项目的积极性,让项目活动开展不断走向制度化与规范化。

第二,服务项目预审、结算、考评制。在服务学院相关系部、教师与学生过程中,信息技术系建立了服务项目预审机制,通过与服务对象前期充分沟通与协调,确定服务项目技术要求、完成质量和时间,确保了服务项目保质保量完成。同时也相应建立了服务项目结算考评机制,根据学生制作作品的专业化及复杂性程度,让服务对象对学生的作品给予评价,使学生在参加项目活动时有量化与考核的指标。

第三,计划工作制。信息技术系在开展项目活动中,要求“E帮帮”社团需要制定详细的工作计划,让一系列活动有目的、有步骤、有条理地进行。同时不断丰富和创新活动内容和形式,使每个学期之间都有衔接,不半途而废。同时,“E帮帮”社团相关负责人需要通过细化团队小组,填写、整理与收集团队成员的资料,做好活动记录与作品收集,将团队成员在活动中的表现与成绩作为年度综合素质考核、评奖评优等重要指标。

第四,双导制。信息技术系根据专业特点进行实践项目分类,项目团队导生由学生自愿报名,申报答辩,产生项目导生,该导生一般具有较强的专业能力与管理能力,每一个类别的项目团队配备一位导师。导生根据申报的项目,招募、选拔团队成员并组织项目的开展。该团队具有明确的专业实践技能提升目标、专业学习组织、专业动手实践项目开展、考核验收要点等具体项目实施过程,整个项目团队由导生全权负责。导师则主要负责以下两个方面:一是根据导师自己专业特点,与导生所负责团队对接，明确指导责任。二是导师严格把控项目团队的实践活动、学习内容，监督其实施过程，并对团队成员进行有针对性的指导。为此本系分别制定了“信息技术系育人品牌项目管理办法”“信息技术系育人品牌导师管理办法”以及“信息技术系育人品牌导生管理办法”，明确了育人品牌项目实施、监控与验收的管理办法，清晰了导师与导生的界定，指出了导师与导生的工作目标、职责、权利及义务，更好地约束、激励与管理工作的开展。

第五，激励制度。对于参与项目的团队成员而言，除了通过参与项目可以提升各项能力以外，对于导生而言，信息技术系还附有导生指导费的发放；对于导师而言，该系则给予部分的类似科研项目的经费支持。

三、主要成效

信息技术系自实施育人品牌项目活动以来取得了很大突破，不仅大幅提升了本系“E 帮帮”团队在校内外知名度，更进一步促进了校园信息化建设，改善了现有教学手段与水平，实现教学信息化及教学资源的优化利用和管理模式的提升，满足金院广大师生的信息化需求。同时通过项目的开展形成了一整套工作机制，让学生实践活动有步骤、有条理地衔接与开展，强化了学生实践效果，及时总结学生技术能力进展，梳理分析存在问题。另外也增强了专业教师在项目开展过程中的指导、督促和推进作用，规范了服务项目验收工作，形成了激励导向。主要体现在以下几点：

第一，促进了校园信息化应用水平。信息技术系学生做了大量的工作，比较典型的是由该系学生独立完成拍摄、后期制作的各类微课作品参加了省级、国家级的比赛获得了可喜的成绩，彰显了学生的能力。为其他系老师设计的微课作品获全国微课大赛二等奖、浙江省第二届微课大赛二等奖、浙江省微课作品征集活动一等奖等奖项。

第二，初步形成了一整套双导育人工作机制。探索并建立了双导育人工作管理办法，让学生在参与活动中能有步骤、有条理地衔接与开展。同时明确了双导工作目标、职责、权利及义务，强化了监督约束机制，完善了责任机制，建立了绩效评价机制，规范了验收工作，形成了激励导向。

第三，云学习与线下实践较好融合，促进了学生自主学习，提升了学生能力。信息技术系通过在线问卷调查系统专门进行了项目质量效果调查，抽样调查“E 帮帮”社团全部成员及相关学生，共计 97 名学生，其中 2012 级 57 名学生，2013 级 40 名学生，就实践形式、实践效果、考核形式、总体满意度等 4 个方面 10 个问题的问卷调查表明，绝大多数学生对开展的项目活动表示接受和满意，认为有效地提升了自身实践能力，增强了竞争力。详细如下：

序号	问　题	反馈信息	2012 级	2013 级
1	面临当前就业形势，你认为自己最需要提升的是	专业技能	76.4%	69.2%
		理论知识	19.2%	31.5%
		综合素质	86.1%	80.5%
2	通过“E 帮帮”开展的各类第二课堂活动，你认为与原先第一课堂相比	认为学得更多了	59.1%	59.3%
		认为学得更少了	2.3%	8.2%
		认为学得差不多	38.6%	32.5%
3	对于服务项目开展的考评，你的态度是	表示喜欢	30.3%	44.6%
		表示认可	63.7%	52.9%
		表示不喜欢	6.0%	2.5%
4	对于开展系统维护、PPT 制作及教学视频制作等实践活动，你的评价是	很满意	14.1%	16.7%
		较满意	81.4%	80.2%
		不满意	4.5%	3.1%
5	服务活动中老师以具体教学项目为背景进行布置，你认为对于技能的掌握是	有很大帮助	36.3%	32.1%
		有些帮助	59.2%	54.2%
		没有帮助	4.5%	13.7%
6	对于“E 帮帮”内部实行的积分奖励制度，你的态度是	喜欢	55.4%	50.9%
		认可	43.2%	48.1%
		不喜欢	1.4%	1.0%
7	对于“E 帮帮”积分奖励制度与服务考评制度，你认为	是公平的	46.4%	54.3%
		较公平的	51.2%	44.1%
		不公平的	2.4%	1.6%
8	对于“E 帮帮”采用的小组合作形式开展活动，你认为	有必要	97%	98.1%
		没有必要	3%	1.9%
9	通过“E 帮帮”各类实践活动开展，你认为自己计算机方面实践能力	有大提升	69.7%	67.3%
		有些提升	25.6%	24.5%
		没有提升	4.7%	8.2%
10	对于这种实践教学形式，你总体评价意见是	满意	52.1%	54.5%
		认可	46.3%	41.2%
		不满意	1.6%	4.3%

由此可见，有95%以上的学生对这种育人活动方式表示满意和认可。本项目的开展让学生走出第一课堂，走出书本，对计算机技术及应用有了直观的认识和体验，掌握了相关专业技能，激发了自身的个性、潜能、创造力。部分参与学生还获得了竞赛奖项。其中朱明炜、施克颖同学作品《一种启智加法机械玩具》获第九届“发明杯”全国高职高专创新创业大赛二等奖，杨柳、代洋、梁璋同学作品《年与轮》获第七届中国大学生计算机设计大赛全国二等奖，富晨晓同学作品《一款智慧型盆栽保姆》与吴资明同学作品《微信餐厅》分别荣获浙江金融职业学院第八届“挑战杯”创新创业竞赛一等奖，施克颖同学作品《一款支持正反插的USB接口连接器设计》荣获浙江金融职业学院第八届“挑战杯”创新创业竞赛二等奖。

第四，进一步提高了学生学习的积极性和主动性，激发了学生的创新灵感，拓展了学生的综合素质，锻炼了学生专业技能水平，有效地体现了信息学子“不断学习、勇于创新、团队合作、服务意识”专业核心价值观，潜移默化地培养了学生的科学精神和人文情怀。自本育人项目在该系实施以来，学生对于自身专业更加喜爱，在专业上有所作为的学生越来越多了，对于向订单班发展的越来越少。班级学风得到了优化，专业课到课率达94%以上，迟到、早退现象减少，专业学习气氛活跃，学生之间互助合作的团队精神得到了发扬。同时随着项目的推进，也进一步提高了学生的服务意识，从自己身边做起，主动为他人服务，牢固树立了服务理念，提升了自身服务能力，规范了服务行为，充分了解服务师生的需求，以饱满热情的面貌积极投入服务活动中。另外，学生的沟通能力也得到了增强，通过举行各类服务活动，增强了学生与人沟通的胆量和说话能力。团队合作开展工作，不但加强了学生间的友好交流，使友谊得到升华，而且也确实让学生强化了自信心，丰富了自己，从沟通中总结和发挥成功的经验，吸取失败的教训，学生相互间合作能力得以提升。

第五，信息技术系内部形成一股宽松、浓郁的专业氛围，鼓励学生踊跃参与、富有创造性地学习，充分发挥其主观能动性，让他们勇于思考、大胆创新、自由争辩，发掘问题，并采用“头脑风暴”等多种形式，在宽松的气氛中进行讨论、解决问题。同时还鼓励师生之间、学生之间经常进行沟通与交流，把相关成果和经验迅速扩散，提高效率。项目的开展和一系列成果也为学校节省了一定的经费。

因此，通过育人品牌项目，确定以提升学生实践能力为培养目标，并建立起与之相适应的实践载体和实践形式，较好地实现教书和育人的有机结合，为促进高职院校学生实践能力培养，提升学生综合素质提供了一个新的思路。

四、实践反思

然而，在成绩面前，仍然许多值得反思与研究的问题。主要包括管理制度、运行制度、保障制度等方面需要进一步地进行探索与研究。

第一，机制方面。信息技术系需要进一步规范项目管理制度，自上而下建立各级领导机构，由系部主要负责人、教学负责人、行业专家参与，对第二课堂的性质、目标、内容、考核等一系列制度统筹规划研究和协调，让其与第一课堂教学具有同等的重要作用，从根本上促使学生以正确积极的态度去参加第二课堂各项活动。

第二，运行方面。信息技术系要按照社会、企业对学生职业技能的要求，制定本专业核心竞争力的职业技能培养方案，将第二课堂活动具体化，使第二课堂活动更具针对性，分阶段、分层次开展第二课堂活动。首先要帮助学生树立正确的职业观，端正学习态度，确立明确的职业目标。其次要培养过硬的职业技能和职业认同感。再次要培养学生敬业爱岗，吃苦耐劳的精神，为就业作好思想准备。最后还要做好调查反馈工作，及时听取学生意见，满足学生成长和成才的需求。

第三，保障方面。项目活动的顺利开展离不开场地、设备、经费、人员等方面的保障。信息技术系应从各方面为项目活动提供一切便利条件。同时还须加强师资队伍建设，把那些有热情、有能力的老师引导到第二课堂中来，建立一支专业化教师团队，成为第二课堂人才保证。此外，还可以借助建设第二课堂信息平台，帮助管理者、教师和学生有效地解决第二课堂的组织难题。

综上所述，以学生社团为核心的高职信息技术类专业育人实践作为第一课堂的延伸，对学生核心专业技能和综合素质的培养日益发挥出了明显的作用。随着经济发展，企业需求的变化，以学生社团为核心的高职信息技术类专业育人实践还将会不断面临新的问题，如何开展好第二课堂活动，建立起规范、有效、科学的教学体系，还需要不断地去探索。

人文艺术系“以国学诵读为主要载体推进多样化国学经典教育”品牌育人项目研究

中华优秀传统文化是中华民族的宝贵财富也是社会主义核心价值观的重要思想来源。国学经典，作为历经悠悠岁月沉淀下来的文化典籍和智慧产物，蕴涵着丰富的人文精神和道德伦理，是当代大学生人文素质教育的重要内容。

人文艺术系在圆满完成2013年“传承经典、文明修身”系级育人品牌项目的基础上，进一步凝练工作特色，紧密围绕“以国学诵读为载体推进多样化国学经典教育”这一主题对前期育人工作品牌进行拓展深化。以国学经典为育人要素，以多样化载体为育人抓手，联动第一、第二课堂推进富有专业特色的素质教育。努力将课堂教学与课外阅读相结合，提升学生的知识内涵和文化修养；积极创造良好的校园文化环境作为载体，使学生时时处处感受国学经典的熏陶；积极组织开展以弘扬国学经典为主题的各级各类活动，打造特色鲜明、文化气息浓郁的品牌活动；多层次、全方位对学生进行优秀传统文化教育，努力探索加强“回归传统文化、弘扬国学经典”的有效途径，人文学子的文学修养、职业素养和文明素质得到显著加强，文明之风深入学生心中，树立了国学经典教育的文化风尚，从而让更多学生更好地秉承国学经典所内蕴的传统文脉，领悟中华优秀传统文化的精髓与魅力。

一、理论支撑及针对性研究

(一)中华传统文化的内涵

了解中华传统文化的内涵，首先要理解什么是“传统”和“文化”。传统是由历史沿传而来的思想、道德、风俗、艺术、制度等。文化属于社会历史范畴，是指人类创造社会历史的发展水平、程度和质量的状态。因此，在中国文献中，“文化”一词的含义是有所演变的。在古汉语中，没有双音节词，多数情况下，“文”和“化”是分开使用的。在中国古代文献中的“文”字本意是“纹”，即纵横交错的纹理。例《左传·隐公元年》：“中子生而有文在其手。”后来，“文”又引申为文采、文字、文章、条纹、品行修养和礼乐制度等。再后来“文”又引申为处理人与人之间关系的原则和方法。人与人之间的关系以及处理人际关系的规范就是“人文”。“关乎人文，以化成天下”，意思就是观察人的伦常秩序，以教化天下，移风易俗。

现在对“文化”的理解一般有广义和狭义两种。广义的文化是指人类在社会历史实践过程中所创造的物质财富和精神财富的总和。狭义的文化是指精神文化，即一个社会的意识形态和精神产品，是在历史上一定的物质资料生产方式的基础上发生和发展的社会精神生活形式的总和。“中国传统文化就是指中华民族在古老的华夏大地上所创造的具有很久生命力的文化，是中华文明演化而汇集成的一种反映民族特质和风貌的民族文化，是中华民族历史上各种思想文化、观念形态的总体特征，是居住在中国地域内中华民族及其祖先所创造的、为后世继承和发展的、具有鲜明民族特色的传统优良文化。中国传统文化历史悠久，内涵博大精深，是中华民族几千年文明的结晶。包括充满智慧的哲学宗教，完备深刻的道德伦理，异彩纷呈的文学艺术，独具特色的语言文字，经世致用的传统史学，嘉惠世界的科技工艺等等。这些共同构成了中国传统文化的基本内容。”①

(二)中华优秀传统文化的主要内容

1.治国平天下的爱国精神

习近平总书记曾指出，“实现中国梦必须弘扬中国精神，这就是以爱国主义为核心的民族精神，以改革创新为核心的时代精神。”中国传统文化最具代表性的就是儒家思想，儒家思想强调以治国平天下为人生的最高目标，以大一统为理想的社会状态，把国家民族的前途和命运放在首位。几千年来，这种爱国主义的精神被一代又一代中国人所传承至今，无数的人为了祖国的统一和领土的完整而奋斗不息，甚至抛头颅洒热血。爱国主义是中华民族精神的核心，在大学生中弘扬优秀传统文化中的治国平天下的民族精神有助于培养大学生的爱国精神和历史使命感。

2.追求崇高的人格精神

中国传统文化的主流是儒家思想，重视人格的完善，主张尊重人的尊严和价值。孔子主张人要追求崇高的精神境界，他认为人应该把“圣贤”和“君子”作为目标，君子应该严于律己，宽以待人，追求崇高，追求正义，讲究道义。孔子认为，人生的道路不会一帆风顺，必然会遇到很多艰难险阻。因而君子应该具备“三大德”：“仁”“智”“勇”。所谓“仁者必有勇”，“勇者不惧”。孟子提倡“富贵不能淫，贫贱不

① 龚贤：《中国传统文化概论》，中国出版集团 2001 年版。

能移，威武不能屈”的大丈夫人格，同时他在道德上主张要有“至刚至大”的浩然之气。这些经典的儒家思想都主张人要追求崇高的精神境界，随着历史的流传，这些思想为中华民族品格的塑造、中华儿女人格的塑造，做出了突出贡献，产生了深远的影响。追求崇高人格，有助于通过榜样的力量来完善大学生的人格。

3. 刚健有为的进取精神

《易经》中说：“天行健，君子以自强不息。”中国的民族精神基本凝结于《周易大传》的两句名言之中，这就是：“天行健，君子以自强不息”“地势坤，君子以厚德载物”。“自强不息”“厚德载物”是中国传统文化的基本精神。中国古代刚健有为，自强不息的历史不胜枚举。“盖西伯拘而演《周易》；仲尼厄而作《春秋》；屈原放逐，乃赋《离骚》；左丘失明，厥有《国语》；孙子膑脚，《兵法》修列；不韦迁蜀，世传《吕览》；韩非囚秦，《说难》《孤愤》。《诗》三百篇，大氐贤圣发愤之所为作也”，《史记·太史公自序》中这一名段，强有力地说明了中华民族刚健有为，自强不息，不屈不挠，坚韧不拔的精神。刚健有为，自强不息的精神应该被传承下去，当代大学生更应该继承和发展这种民族精神。

4. 厚德载物的兼容精神

《易经》提到：“地势坤，君子以厚德载物。”这句话的主要意思是要人们以大地般宽广的胸襟承载万事万物，顺承天道。《中庸》“万物并育不相害，道并行而不相悖”。这些都体现出了中华民族宽阔的胸怀，中华民族所具有的厚德载物的兼容精神。正是有了这种精神，才有了历史上有名的汉唐雄风，才有了几千年的文明古国，才有了许多国家难以企及的大国气质。作为一个几千年的文明古国，有这样的兼容精神，才能不断地吸收其他民族、其他国家的优秀成果，为己所用，才能不断壮大和发展，成为真正意义上的大国，拥有更加美好的未来。

5. 天人合一的和谐精神

中国哲学的基本精神是“天人合一”的思想。庄子最早阐述了“天人合一”的思想观念，后来董仲舒将阴阳学和五行学合用，逐步将“天人合一”发展成为了一个思想体系。季羡林先生对“天人合一”的思想也有其独到的见解。他认为：“天，就是大自然；人，就是人类；合，就是互相理解，结成友谊。”“天人合一”就是人与大自然要合一，要和平共处，讲究人与自然的和谐相处。人与自然相和谐的人生境界，一直为传统知识分子所欣赏所向往。老子说“人法地，地法天，天法道，道法自然”（马王堆出土《老子》乙本）即表明人与自然的一致与相通。庄子人生哲学的终极思想，是希望达到“天地与我并生，万物与我为一”的精神境界。当前我国提倡人与自然和谐发展，强调人与自然和谐共处的重要性。在大学生思想政治教育中注入从我国传统文化中的这种和谐资源，有助于大学生树立人与自然和谐共处的意识，促进人与自然的和谐，促进我国经济的可持续发展。

（三）中华优秀传统文化传承的主要方式

高职院校是随着我国现代化迅速发展应运产生的，为生产一线培养专门技术人才，因此有人狭隘地认为高职教育就是“技术教育”，人文教育长期被严重淡化。殊不知，知识和技能的最终目的是促进人类自身的全面发展和进步，而这一点必须要借助人文教育来实现，因为它是情感、人格的陶冶过程，是提高、体验和提升生命质量的过程，缺乏人文精神，仅凭知识和技能并不能给人类的生活带来幸福和尊严，也不可能促进学生的可持续发展。早在一百多年前，恩格斯就深刻地指出：“一个民族要想站在科学的最高峰，就一刻也不能没有理论思维。”[①]而理论思维靠学习专业知识是无法得到的，必须通过学习人文科学才能获得。高职教育归根到底是一种培养人的活动，我们一直提倡德、智、体、美全面发展，但在教育实践中，往往表现出强烈的实用主义色彩，重“才”而轻“人”，忽视人的个性、理智的培养，很容易导致片面发展甚至畸形发展的结果。高职院校在教育教学过程中，各专业教学计划更多地从第一课堂的课程设置、学时安排进行规划。在第一课堂的教学中，教师主要侧重于向学生传授岗位专业理论知识，对学生的专业职业能力进行模拟训练，而对企业所要求的综合素质缺乏足够的重视。企业录用高职人才时最看重的是学生的协作能力、服务意识、敬业精神等，这些正是民族优秀传统文化中包含的重要内容，也是学生综合素质的集中体现。而仅仅依靠第一课堂进行的教学活动，很难实现学生综合素质的全面提高，有必要在第一课堂延伸至第二课堂寻求解决问题的办法。

因此，第二课堂具有与第一课堂同等重要的作用，它以学生的个体兴趣为起点，以学生自主选择参与为形式，以贴近学生生活、内容丰富多彩为特色，是高职院校完成人才培养目标的重要教育环节。通过形式多样、科学有效的第一课堂与第二课堂联动，从中贯穿对民族优秀传统文化的学习，将对学生人文素质的培养产生潜移默化的作用。

（四）项目研究意义

国学经典，作为历经悠悠岁月沉淀下来的文化典籍和智慧产物，蕴涵着丰富的人文精神和道德伦理，是当代大学生人文素质教育的重要内容。学生在反复诵读经典的过程中，其诵读的水平在步步提高，诵读者的理解、体会也在层层加深。不仅如此，诵读可以使学生积累大量的妙词佳句，丰富学生的语言材料库，从而不断提高学生的语言表达能力和文学内涵修养。以国学诵读为载体推进多样化国学经

---

① 恩格斯：《马克思恩格斯全集》第3卷，人民出版社2002年版，第467页。

典教育，有利于提高大学生的道德修养和人文素质，有利于培养大学生的宽广胸怀和和谐处世的原则，有利于培养大学生的爱国情怀，提高民族自信和文化自信，在国学经典的熏陶中逐渐内化为良好的文学底蕴和职业素养，其深远意义如下：

1. 构建多样化国学经典素质教育体系，有利于提高大学生的道德修养和人文素质

国学作为传统文化学术的总和，蕴涵着丰富的人文精神和道德伦理。《周易》说："天行健，君子以自强不息；地势坤，君子以厚德载物。"一个有深厚品德的人，才能成为栋梁；一个自强的人，才能成为英雄！正是国学思想中对这种至诚至善的高尚道德情操和崇高人格修养的不懈追求，才使中国历史上出现了无数品德高尚的贤人君子，铸就了中华民族特有的人文精神。这些都应是当代大学生加强自我道德教育和提高自身修养不可缺少的内容。

2. 构建多样化国学经典素质教育体系，有利于培养大学生的宽广胸怀和和谐处世的原则

"夫子之道，忠恕而已"，自孔子以来，我们的民族就形成了"和为贵""亲仁善仁"的文化传统。其中的"和为贵"已经被积淀成为中国人讲究和谐人际关系的一种心理定式，并造就了中国人处世性格的鲜明特点。其实，这种和谐的人际关系还应推广到自我身心的和谐、自然的和谐、人与自然的和谐。国学思想中的这种以"和为贵"的精神对于当今大学生新型人际关系的构建具有重要的影响和启示意义。

3. 构建多样化国学经典素质教育体系，有利于提高大学生的心理素质，培养乐观进取的精神

孟子认为"天将降大任于斯人也，必先苦其心志，劳其筋骨，饿其体肤，空乏其身，行拂乱其所为，所以动心忍性，增益其所不能"。儒家经典中这种顽强奋斗、坚忍不拔、乐观向上的奋斗精神，是中华民族生生不息、国脉传承的精神纽带，是中华民族面临严峻挑战以及各种复杂环境屹立不倒、历经劫难而百折不挠的力量源泉。儒家教人入世的方法，教大学生如何提高人生修养，如何在社会上立足；道家则阐述出世的道理，教大学生如何调节心理，克服挫折，走出困境，如何提升人生境界。儒家经典和道家经典对塑造大学生的人格有着互补的作用，能提高其综合素质。

4. 构建多样化国学经典素质教育体系，有利于培养大学生的爱国情怀，提高民族定力

中华民族在长期的发展中形成了具有自己特点的爱国主义思想。从范仲淹的"先天下之忧而忧，后天下之乐而乐"到文天祥的"人生自古谁无死，留取丹心照汗青"；从谭嗣同的"我自横刀向天笑，去留肝胆两昆仑"到鲁迅的"寄意寒星荃不察，

我以我血荐轩辕”，所有这些都代表了中华民族爱国主义的忧患意识。这种忧患意识寄托着以天下为己任的强烈历史责任感，成为爱国主义的基本精神，成为保家卫国的强大力量。构建国学经典素质教育体系，不但可以唤醒当代大学生的报国意识，培养爱国情怀，更能增强民族定力。

(五)国内外研究的现状和趋势

近年来，民族传统文化越来越受到人们的广泛关注。2007 年，中央电视台《百家讲坛》开播，在全国掀起了“《三国》热”“《论语》热”；2008 年 2 月，教育部在北京等 10 省市中小学开展了京剧进课堂试点；2009 年初，国家又将除夕、清明、端午、中秋等民族传统节日确定为法定节假日；各地私塾班、国学班不断涌现。社会各界对发展民族传统文化的重视让我们对民族传统文化教育的前景充满了期待。国学及国学热，是最近几年文化、教育领域最令人瞩目的现象之一。此外，还成立了一些研究中国传统文化的专门机构，比如武汉大学中国传统文化研究中心、北京大学中国传统文化研究中心等，1994 年在香港也成立了中国传统文化研究中心。2003 年 11 月，中国国学院成立。2005 年 5 月，中国人民大学国学院正式成立。中国人民大学于 2005 年成立“国学研究院”后，其他一些高校也相应地成立国学院或者相关机构，并在世界各地也成立了“孔子学院”。不仅高校如此，中小学推广和学习国学的活动也层出不穷，一些地方政府、企业也在宣传和推广国学，力图“国学搭台、经济唱戏”。尽管对于“国学”这一概念还存在争议，但普遍认为是以儒学为主体的中华传统文化与学术，其优秀思想和内容对当今社会具有十分重要的教育和促进作用。

经典诵读教育的价值历来就受到各国教育专家们的重视。提默·艾得勒、查尔斯·范多伦的《如何阅读一本书》，卡尔维诺的《为什么要读经典作品?》这些国外教育专家的论著中都涉及同样的问题，他们大都认为阅读应该以本国的经典文化为主，以诵读作为教育教学的主要方式进行。永恒主义教育家赫钦斯对经典的理解是：“经典著作乃是每一个时代都具有当代性的书籍。”

国学大师季羡林说：“中国可以成为一个经济大国，可以成为一个科技强国，但最根本的还是一个文化大国。对于本民族文化的珍视是一个国家屹立千年的基石。根深才能叶茂，如此简单的道理并不是所有的人都懂，好在生于斯长于斯的大众在面对新世纪的挑战时，已经明白了人文精神对于国家发展的重要意义。”北京大学国学院院长袁行需也曾经谈到国学诵读及其研究的意义，他认为，一个民族的疆土被人用武力占领了，还可以收复。一个民族的文化被人灭绝了，或自己抛弃了，则万劫不复！其他国内学者在这一领域也有研究，例如钱汛的《关于传统文化的两个问题》，郭齐家著有《寻回民族智慧重植文化之根——重视对中华文化经典的诵读和教育》，荣长海的《关于民族精神理论与实践的若干问题》等论著都探讨了经典诵读的作用。张岂之先生在《大学生文化素质与中国优秀传统文化》一文中认为，教育的功能是为了提高人的素质。他把优秀传统文化对提高大学生的文化素质所起的积极作用归纳为四点：第一，爱国主义和集体主义的思想渊源可以追溯到中国古代优秀的思想文化。第二，提高学生的思想境界。第三，开阔学生的思路，鼓励他们从多方面锻炼自己，不断取得有益的文化科学知识，不故步自封，不局限于一隅。第四，提高大学生的审美能力，陶冶性情，培养高尚情操。[①] 这篇文章高度总结了优秀传统文化对提高大学生文化素质的积极作用。

综上所述，国内关于国学诵读的研究颇多，全面地论述了传统文化在现代大学中的教育价值，为本课题的开展提供了宝贵资料。有些论述是传统文化的基本精神，有些是对传统文化的影响和作用或意义进行探讨，但就中华优秀传统文化如何与现代高职教育相结合这一特殊领域的研究还尚显不足。尤其是就如何以国学诵读为载体构建多样化国学经典素质教育体系，加强大学生综合素质，尤其是如何使大学生主体发挥自身的道德文化自觉的能动性来促进国学经典的高度认同、内化和自觉践行方面的研究很少，可操作性不强，造成理论与实践的脱节。人文艺术系通过对传统文化融入高职教育的研究，有利于进一步深化高职的人文教育，本项目的开展就是基于上述研究成果基础之上的进一步尝试。

（六）本项目拟突破的重点和难点

1. 拟突破的重点

（1）理清国学诵读与国学经典教育之间的关系和相互促进作用。从国学诵读现状出发，以国学诵读为切入点全方位搭建国学经典教育的有效载体，探讨国学经典教育的关键所在。

（2）以国学诵读为切入点构建多样化国学经典教育体系。国学诵读可以衍生出一系列与之紧密相关的特色活动，本课题的关键在于如何挖掘丰富的活动资源，使其相互发挥作用共同促进国学经典教育在大学生中的实施。

2. 拟突破的难点

（1）要开展国学经典教育研究，首先需要对国学文化有更为深入的认识和了解，打好理论功底，综合运用中国哲学、古代汉语言文学、高等教育学、传播学等多学科知识共同解决问题，这是本课题拟突破的一大难点。

（2）国学经典教育是一个较为宏观的教育体系，如何将课题中提出的理论观点

---

① 张岂之：《大学生文化素质与中国优秀传统文化》，《高等教育研究》，1996年第5期，第12—13页。

层层细化落实，结合当代大学生的实际特点和发展需求转化为具体的行动指南和方法路径，构建多样化的国学经典教育体系，这将是本项目拟突破的又一难点。

因此，“以国学诵读为主要载体推进多样化国学经典教育”这一品牌项目的开展具有重要意义。中华传统文化为大学生全面发展和思想政治教育提供了丰富的资源。高职院校作为人才培养的重要阵地，不仅要重视职业技能的培训，还要重视综合素质的培养，通过加强民族优秀传统文化的教育，使学生既学会做事，又学会做人，成为具有良好职业道德的高技能专门人才。在第二课堂中学习优秀的传统文化，让以人文学子为代表的广大高职学生对祖国的历史和文化有充分的了解，从中华民族五千年悠远的历史和文化中感悟自己祖国的博大和灵魂，培养出具有民族自信心、民族自豪感的高职学生。同时，中国优秀传统文化中蕴含的积极向上、顽强拼搏、勤俭诚信等道德价值观念正是我们现代社会所提倡的，这也是塑造高职学生正确的道德价值观念的理想素材。

二、主要措施

(一)以多样化载体打造特色传统文化教育活动

1. 成立国学诵读协会

首先，“以国学诵读为载体推进多样化国学经典教育”这一项目的开展离不开强有力的组织和制度保障。因此，人文艺术系自 2013 年 9 月起成立了国学诵读协会。协会自成立以来，吸引了广大学生加入其中。协会有一项特色活动，即“国学诵读朝阳行动”，学生每日清晨 7：40—8：10 到校园笃行桥上伴着晨光朗诵诗文经典，已成为金院一道亮丽的风景线，展示了金院人文学子蓬勃向上的精神状态。晨诵经典诗文，不仅有助于增强记忆效果，同时有利于营造良好的学习氛围进而带动更多的学生加入诵读这一行列。此举在打造别具人文特色的校园文化的同时，也吸引了外界媒体关注。今年 4 月 10 日，浙江在线教育频道图文报道了人文艺术系开展的国学诵读朝阳行动，且人文艺术系“诵读国学、弘扬经典”的相关活动也入围了团中央“走下网络、走出寝室、走上操场”三走活动优秀案例。

2. 打造室内国学园地

不仅如此，考虑到天气原因，有时天气情况不佳将会影响到学生的室外国学诵读，人文艺术系 2015 年打造了室内国学园地，为同学们开辟了室内诵读的场所。其装饰风格在温馨中洋溢着浓郁的古典人文气息，优雅的环境为学生的国学诵读营造了良好的学习氛围，是同学们最喜欢光顾的校园一角。

3. 编印国学诵读读本

学生在晨读时所使用的国学诵读读本，是人文艺术系教师精心挑选古代名篇佳作汇编而成的，该读本集篇目的代表性、内容的深浅性、体裁的广泛性为一体，是开展国学诵读活动的重要教材。

4. 实施国学诵读等级考核

从 2013 年 9 月至今，国学诵读朝阳行动就这样轰轰烈烈地展开了，但学生从中掌握了多少传统文化知识却无从知晓。为了对学生的诵读情况做一个较为准确的了解排查，人文艺术系制定了国学诵读考核实施办法和拟定了相应的考核篇章，进一步细化和完善了考核相关条例，要求每位学生在学期末需参加国学诵读考核等级认证。

国学诵读等级分为一级、二级、三级 3 个不同的等级。学生可自愿报名自主选择考核等级，经考核通过后可颁发相应的国学诵读考核等级证书。考核办法为从各等级诗词范围中随机挑选篇目，以笔试的形式进行答题，试卷中包含选择题、填空题、简答题等各类题型。分数采用百分制，60 分为及格分，80 分以上为良好，85 分以上为优秀。为鼓励学生深入学习国学经典，积极报考国学诵读等级考核，人文艺术系对通过等级考试的学生酌情给予智育加分，不同等级对应不同的分数。以此证作为证明学生文学水平的重要凭证，同时也能增强学生的就业砝码。从 2013 年 10 月初开始正式实施，作为系本考核证书，以文秘专业学生为切入点，覆盖全体文秘专业学生并逐步在全校范围内进行宣传推广，达到以点带面的效果，目前，文秘专业 2013、2014 级学生已全部通过国学等级初级考试，2013 级学生正在备考 12 月下旬举办的国学等级中级考试。

5. 开展《大学生必读经典书目 100 本》书评撰写活动

为传承文学经典，全面拓展学生文学修养，进一步丰富校园文化生活，人文艺术系面向全院学生开展《大学生必读经典书目 100 本》书评撰写活动。通过开展书评撰写活动展现学生的个性风采和文学修养，引导学生博览群书，培养学生“爱读书、读好书、好读书”的良好习惯，让学生在阅读中提升内涵和拓展视野。目前，人文艺术系已成功举办两期书评撰写活动，得到了全院学生的广泛参与，许多学生认为阅读经典对于提升自身理论素养、文学品味和审美情趣都有极大的帮助，撰写书评这一活动在很大程度上促进其主动学习和积极思考。

6. 创办《锦绣人文》期刊

为了丰富校园文化生活，提升学生的文学素养和写作水平，对外展示人文艺术系学生风采，该系从 2013 年起创办《锦绣人文》期刊，作为宣传人文艺术系文化理念与学子风采的交流平台。《锦绣人文》期刊由“缤纷校园”“时事聚焦”“散文杂谈”“心灵驿站”“书海拾贝”五个栏目组成，分别展现校园生活的五彩缤纷，社会时政热点，青春岁月的绚丽多姿，心路历程以及读书感悟，记载下在金院成长的点点滴滴。至今人文艺术系已经连续出版了四期《锦绣人文》期刊。《锦绣人文》期刊作为展示和见证人文学子文学修养和书香气息的良好平台，受到了院系领导的一致好评。每一篇文章均来自人文学子投稿，处处体现着人文学子特有的风采和独特的魅力。

7. 打造富有人文特色的四类大型比赛

与此同时，人文艺术系不断丰富活动载体，融入创新元素，抓住有利契机，形成多样化国学经典教育体系。该系结合学生专业特色探索出了以中华经典诗文诵读暨汉语口语大赛、普通话大赛、文学趣味知识竞赛和汉字听写大赛等四类比赛为代表的一系列特色活动，进一步弘扬优秀传统文化。活动寓教于乐，得到了广大师生的大力支持与广泛参与。

(1)中华经典诗文诵读暨汉语口语大赛。大学生汉语口语竞赛是开展国学经典教育、促进学生积极参与国学诵读、检验国学诵读成效的重要途径。为提升大学生的汉语口语表达能力，人文艺术系按照省语委、省教育厅关于举办浙江省首届大学生汉语口语竞赛的通知要求，于 2014 年 4 月举办了浙金院第五届中华经典诗文诵读暨首届汉语口语大赛，从赛程设置到比赛要求等各个方面均与省赛完全接轨。

2014 年 11 月 8 日，由浙江省大学生科技竞赛委员会主办，绍兴文理学院承办的浙江省第二届大学生汉语口语竞赛圆满落下帷幕。学院国际商务系郝珊珊、吴梦月和人文艺术系吴秀秀三位同学分别荣获此次比赛的一、二、三等奖(高职组)，获得了本项赛事的历史最好成绩，充分展现了我院学子良好的汉语口语表达能力和深厚的人文素养。

(2)普通话大赛。普通话是语言表达和人际沟通最重要的交流工具。为了进一步加强普通话的推广普及，提高学生的普通话水平及语言表达能力，人文艺术系每年都面向全院学生举办“众诚杯”职业技能比赛之普通话比赛。

比赛分为自我介绍，即兴演讲和绕口令等三个环节。自我介绍环节的主要目的在于考验同学们平时的知识积累、临场应变能力和语言的组织表达能力。即兴演讲要求选手们现场抽题并围绕主题进行三分钟演讲，选题大多来自当前社会热点现象和伦理哲学思辨问题，要求演讲过程中选手们能紧扣主题、密切联系实际，富有条理性和逻辑性地表达自己的观点。比赛的最后环节是绕口令，看似有趣的一段段绕口令实则相似音和平舌翘舌音交替频繁，十分考验选手们是否发音标准和口齿清晰。通过举办普通话比赛，在于促进同学们在生活中以“说普通话、用文明语、做文明人”为目标，不断提高自己的普通话水平。

(3)文学趣味知识竞赛。为了活跃校园文化氛围，提升学院学生对古今中外文学常识的认知,展示学院学生良好的文学修养和精神风貌,提升学院文化品位和学生知识内涵,进一步推进学生精神文明建设,人文艺术系面向学院全体学生开展了"书中淘宝、乐在阅读"文学趣味知识竞赛。

"书中淘宝、乐在阅读"文学趣味知识竞赛已经连续举办了两届。其中,比赛的内容围绕古今中外文学基本知识,涉及内容丰富广泛,涵盖文学领域的各个方面,比赛也充分彰显了学院学子良好的文学修养和扎实的理论功底。

文学趣味知识竞赛突出文学底蕴对个人的成长成才有重要作用,以此比赛为契机进一步深化自身知识内涵和文学修养。

(4)汉字听写大赛。汉字作为中国最宝贵的文化遗产,其起源的历史就是中国古代文明的历史开端。但是,越来越多的人使用电脑书写,用惯了键盘的人手写汉字的能力会下降。这就要求我们在认识汉字的基础上加强识记能力,正确地听写汉字。

汉字听写大赛已连续开展两届,由于受到中央电视台汉字听写大会节目热播的影响,加之别具一格的活动设计吸引了来自全院400余名学生报名参加,其规模之大、参与之广、影响之深创下了人文艺术系团学活动最高纪录。经过竞争激烈的初赛选拔,最终推选出分数排名靠前的选手进入决赛。决赛现场分为三个部分:必答题,抢答题以及观众互动。在决赛现场中,各系代表队参赛选手们态度积极、严守规则、聚精会神、认真听题、团结协作,展示出了良好的文学修养和知识底蕴。部分优秀选手能够正确书写出难度较高的字词。通过举办汉字听写大赛,让大家深刻感受到汉字的美和其蕴含的文化魅力,它不仅提高了本校大学生的汉字书写能力,进一步丰富了校园文化活动,而且是对回归我国传统文化的倡导和弘扬,以寓教于乐的形式掀起了学院学子书写汉字、保护汉字、热爱汉字的新高潮!

(二)以孝文化、礼文化和感恩文化为主线进一步深化特色传统文化活动

拥有良好的文学底蕴和职业技能,并不是人文素质教育的全部,人文素质教育还应教会学生做讲文明、懂礼貌、有修养、知感恩的人。为此,人文艺术系以孝文化、礼文化和感恩文化为主线进一步深化特色传统文化活动。

1.创作浙金院"新24孝"传递新时代孝文化

我国古代二十四孝作为宣扬儒家思想及孝道的通俗读物,是开展孝文化教育的有效载体。随着时代的变迁和社会的发展,人们对于孝文化的理解认识、行为标准和评价依据逐渐发生变化,孝文化的传播亟须制定一套体现时代特征和学院特色的新"二十四孝"。人文艺术系师生借鉴"旧24孝"和"新24孝"的内容和形式,结合时代特征和学院特色,按照尊敬师长和孝顺父母两个篇章编辑创作了浙金院

新“24孝”，并以此为载体在全院推行孝文化教育，得到了媒体和全校师生的高度关注。

2. 注重文明礼仪养成教育

(1)礼文化之开展古代拜师礼。

尊师重教在华夏礼仪之邦自古有之，推行古代拜师礼旨在弘扬尊师重教的传统美德。行古代拜师礼，树尊师新风尚。2013年10月30日，人文艺术系在浙商小广场举行了第一届古代拜师礼，其是在新形势下推行导师制工作、品牌育人项目及文明礼貌教育三者结合的产物。为弘扬尊师重教这一传统美德，以行古礼的方式加强学生的尊师情怀，人文艺术系2014年10月29日于中信广场举办了第二届古代拜师礼。

古代拜师礼继承了传统的拜师仪式，从导师到学生全部身着汉服。在舒缓的古典音乐背景下，在巨幅的万世师表孔子画像前，学生集体朗诵国学经典篇目《师说》。导师入座，弟子入礼，向结对导师鞠躬敬礼，呈上拜师帖缔结师生关系。然后，由学生亲手向导师敬茶，以表尊重和爱戴之意。除此之外，按照古人拜师的习俗方式向导师敬献六礼束修。六礼即芹菜，寓意为勤奋好学，业精于勤；莲子，心苦，寓意唯苦心教育；红豆，寓意为鸿运高照；枣子，寓意为早早高中；桂圆，寓意为功德圆满；干瘦肉条以表达弟子心意。环节正统，不入俗流。宽袍大袖、古韵师帖、国学诵读等将古人尊师重道、明礼求学的精神演绎得惟妙惟肖。

推行古代拜师礼受到全院师生的一致好评并得到媒体的广泛关注。当前我国正兴起一股空前的国学热潮，人们称之为“国学热”，其实质是对回归古典、回归自然的追求。以古礼方式明确师生关系，更有利于发扬尊师重道的优良传统。“亲其师，信其道；尊其师，奉其教；敬其师，效其行。”举办古代拜师仪式，不仅重温了古代尊重教师的典礼，更是表达了对辛勤工作、诲人不倦的老师们最崇高的敬意！同时，学习古人尊师重教之风，以古礼表达对师长的尊敬从某种程度上来说是文明礼貌教育的一种方式，对于参加拜师仪式的新生来说，更是为新生上了尊师重教和文明礼貌始业教育的重要一课。

(2)礼文化之重视文明寝室建设。

党总支副书记负责整体统筹、制度设计、总体把关；辅导员负责具体制度贯彻，协调各年级文明寝室建设工作，督促各年级文明寝室建设的具体进展工作；班主任负责所在班级的文明寝室建设工作，落实寝室的日常检查和管理工作。充分发挥导师联系寝室的桥梁纽带作用，建立健全专业教师、党员教师与思政教师联系学生寝室的机制，建立寝室检查常规化长效机制和寝室表现与个人考核密切相关的考核制度。实行责任到人制，要求结对教师应经常深入学生寝室了解最新情况；结合联系寝室学生的专业特点、兴趣爱好和实际情况，指导帮助学生顺利完成学业、就业和相关社会实践和课外科技活动，全系上下对于寝室建设工作给予大力支持和良好的制度保障。同时，为促进学生养成文明有礼的行为习惯，以制度建设规范学生日常行为举止，人文艺术系指定并给每间学生寝室发放了《人文艺术系学生文明行为实施细则》。通过将行为规范进行制度化建设，使学生的言行举止有具体的规范要求。经过人文艺术系全体师生的共同努力和配合，该系的文明寝室建设取得了长足的进步，学生寝室的安全卫生情况在全院名列前茅。

(3)礼文化之开展新生文明礼仪讲座。

为共同推进人文艺术系大一学生走好千日成长的第一步，助力金院学子在学院千日成长工程引领下实现文明礼仪先行的优质成长，该系面向全体2014级新生开展新生文明礼仪专题始业教育。系总支副书记、辅导员、班主任纷纷走上讲台，围绕学风学纪、人际沟通、养成教育、礼仪规范等几个方面，阐释礼仪修养在大学生学习生活以及职业生涯中的重要性。同时，在全体新生中普及"八个起来""八个一点""学生行为养成七字诀"等金院整体文明礼仪规范，指出礼仪是一个人的安身立命之本，希望同学们做一个讲文明、懂礼貌、有修养的大学生，把礼仪变成一种习惯，把礼仪看成一种态度。

(4)礼文化之电梯文明。

为培养学生良好的行为习惯和文明修养，加强文明行为规范制度建设，高标准，严要求，抓落实，坚持以"悉心培养良好的行为习惯"为指导思想，人文艺术系紧紧围绕"开展文明教育，构建文明校园"的工作目标，遵循学生品德行为成长的规律，深化行规养成，注重课内课外实践体验，加强学生行为规范训练与管理，用礼仪规范行为，用文明滋养心灵，从而促进学生身心健康发展，增强行为内化，提高德育实效性。具体举措如下：

电梯文明岗轮岗制度。为规范学院公共场合秩序，引导师生文明乘梯，展现金院学子的良好形象，人文艺术系实施了电梯文明岗轮岗制。每天清晨7点半开始，每班按学号分别由2名同学到教学楼下电梯口进行电梯文明岗站岗，为来往的师生开启电梯，引导其有序乘坐电梯。

(5)礼文化之拍摄制作"文明礼仪在我心中"主题微电影。

近期，人文艺术系组织本年度学生拍摄制作"文明礼仪在我心中"主题微电影，以进一步强化同学们的文明礼仪意识，规范学生的文明行为，引导学生养成讲文明、讲卫生、守纪律的良好习惯，提高大学生的思想道德水平和文明素养。

3. 开展感恩文化教育实践活动

(1)积极担任各级各类活动志愿者。

在弘扬感恩文化方面，人文艺术系特别注重对学生开展感恩教育，鼓励广大学生结合所学专业积极投身于各类志愿活动中，积极探索并实践专业教育与志愿服务的契合模式，形成了以志愿服务为代表的特色活动。一年来，在省、市、校级各级各类活动志愿服务中都活跃着该系学生的身影。人文艺术系志愿者连续3年担任浙江省委宣传部、浙江广播电视集团“十月的阳光两富浙江·激情飞扬”党十八大电视文艺直播活动的志愿服务工作，受到活动主办方高度好评。

(2)结合专业特色开展志愿服务感恩教育。

在弘扬感恩文化方面，人文艺术系积极探索实践专业教育与志愿服务的契合模式，鼓励广大学生结合所学专业积极投身于各类志愿活动中，形成了以志愿服务为代表的特色活动。2014年3月起，为进一步弘扬雷锋精神，深入开展志愿服务，针对目前学院教师行政事务较为繁杂的现状，该系成立了“小秘书“志愿者联盟，面向全院师生开展上门服务。只要老师有需要，小秘书们总是能第一时间到岗，认真完成各项任务，其服务范围包括文字录入、文档制作、资料整理、文字校对排版、收发文件等日常事务，学生在帮助教师减轻工作压力的同时也通过实践进一步深化了其专业知识。该组织成立半年以来已累计为全校教师服务200余次，时间长达800余小时。

三、成果展示及未来展望

通过开展“以国学诵读为载体推进多样化国学经典教育”育人品牌深化项目，人文学子的文学修养、职业素养和文明素质得到显著加强，文明之风深入学生心中，取得良好的品牌效应。2014年12月，此系列活动作为弘扬中华优秀传统文化的典型案例在第四届全国高职教育文化建设与可持续发展论坛进行主题交流，得到了全国各大高职院校相关领导和同仁的一致认可和好评。同时，人文艺术系学生的人文修养和职业素养都得到了较大的提升，一大批学生在表达和沟通能力上获得了显著的提升。近两年，学生在朗诵、演讲、辩论等省级竞赛中的获奖人次以近50%的速度递增，人文艺术系虽然学生少但获奖情况却是有目共睹，育人成效十分明显，学生获奖情况如下图所示：

序号	级别	获奖名称	奖项	获奖人
1	省级	第六届浙江省大学生职业生涯规划大赛	高职高专组创业规划类一等奖	戴珍珍
2	省级	第六届浙江省大学生职业生涯规划大赛	创业规划之星	戴珍珍
3	省级	第二届浙江省汉语口语大赛	三等奖	吴秀秀

续 表

序号	级别	获 奖 名 称	奖 项	获奖人
4	省级	2014年浙江省大学生“美丽浙江、思辩青春”环保主题辩论赛	团体第一名	周子娇等
5	省级	2014年浙江省高职高专院校技能大赛“中华茶艺技能”竞赛暨全国职业院校技能大赛邀请赛团体二等奖	团体二等奖	沈 玲
6	省级	浙江省高职院校秘书职业技能大赛	团体三等奖	吴芳婷、戴红萍、沈金
7	省级	浙江省优秀运动员		陈秀波
8	省级	2014年全国全民健身操大赛	团体一等奖	王晓敏等
9	省级	第十届华东地区体育舞蹈锦标赛	第四名	王晓敏
10	市级	杭州市暑期社会实践优秀小分队		陈秀波、张冰洁、蒋玲等20人团队
11	市级	杭州市优秀学生干部		陈秀波
12	市级	第一届杭州市大学生微公益创意设计大赛	最佳组织奖	周婷、孔云霞
13	校级	学院院第九届院十佳大学生“实践之星”		戴珍珍
14	校级	学院第五届中华经典诗文诵读暨届汉语口语大赛	一等奖	吴芳婷
15	校级	学院首届“金院演说家”演讲比赛	一等奖	吴秀秀
16	校级	学院“我的成长需求”演讲比赛	一等奖	吴秀秀
17	校级	学院“我心目中的好课堂”主题演讲比赛	一等奖	吴秀秀
18	校级	学院“我心目中的好课堂”主题演讲比赛	三等奖	吴芳婷
19	校级	学院首届主持人大赛	第三名	汪佳丽
20	校级	学院首届主持人大赛	第五名	王晓敏
21	校级	学院2014年优秀学生会		
22	校级	学院2014年五四红旗团支部		文秘121班
23	校级	学院第十届社区文化节之“书中淘宝，乐在阅读”文学趣味知识竞赛	一等奖	吴芳婷、沈 阳、郑 彧
24	校级	2014年学院新生合唱比赛	一等奖	文秘142班

四、育人品牌项目进一步的实践思考与展望

(一)深入挖掘传统节日内涵

中国传统节日中包含着重要的人文和历史底蕴,是民族凝聚力和国家凝聚力的重要体现,是民族文化的重要组成部分,民族文化是一个民族的根,而根是不能忘记的。通过深入挖掘传统节日文化内涵,可以深入开展大学生的爱国主义教育、学会感恩、秉承孝道,从而全面提高大学生的思想道德素质,有助于推动新时期的大学生思想政治教育。要想让中华民族优秀文化资源具有鲜活的生命力,必须在外在力量的推动基础上,寻找孕育传统文化内部的驱动力量:将推进学校教育与个人的修养行为相结合,使优秀传统文化的优秀资源找到适合的平台和切入点,发挥其重要作用。

(二)广泛开展优秀传统文化教育普及活动

精心培育植根群众、服务群众的文化载体和文化样式。鼓励学生积极开展文化志愿服务和优秀传统文化教育普及活动,在全校范围内掀起学习传统文化的热潮。广大师生积极参与,使优秀传统文化能够得到普及,更加有利于传承。同时,大学生也有了平台去开展文化志愿服务。大学生是有文化的群体,通过文化志愿服务,不仅锻炼了大学生的组织活动能力,更重要的是深化了大学生对优秀传统文化的认识和思想道德修养的提高。

(三)积极开展有关传统文化的社会实践

社会实践是学生接近社会,提升能力的最好平台。开展传统文化教育也是一样,必须增加有关传统文化的社会实践活动。通过开展这些活动,使大学生切身感受到中华民族优秀传统文化的内涵和价值。这些活动内容和方式可以多种多样。每年的寒暑假和重大节假日期间,应该是开展有关传统文化的社会实践的重要时间。在这些时间内,应该开展多种多样的社会实践,比如说举办优秀传统文化展览,传统文化知识竞赛,以传统文化内容为主题的暑期社会实践活动等。通过这些实践活动,让优秀传统文化深入大学生的心中,做好传统文化的传播者。

总而言之,此次育人工作品牌深化项目的实施,对于人文艺术系凝练工作特色、把握发展方向、提升育人质量、争创品牌项目具有非常重要的作用。人文学子的文学修养、职业素养和文明素质得到显著加强,文明之风深入学生心中,取得良

好的品牌效应。

与此同时，人文艺术系也深刻明白到一切工作的开展应该以体现系部特色、专业特点，符合学生的专业核心竞争力提升要求和未来职业发展需求为出发点，设计并打造品牌特色活动。但是，由于时间较短、人员紧缺等原因，此次育人工作品牌深化项目的实施还存在一些不足之处，主要体现在为学生设计的过多，学生学习的主动性和积极性还有待进一步提高，如何使学生从“要我学”变为“我要学”是今后工作的努力方向。同时由于未能将一些零散活动进行有效的资源整合，因而特色化还未能最大限度发挥出来。所有这些存在的问题，都是下一步努力的方向，人文艺术系将不断总结回顾，更加突出体现系部特色、专业特点，贴近学生实际、提升学生的专业核心竞争力，设计并打造品牌特色活动，助推人文学子千日成长。回归传统文化，弘扬国学经典，不仅仅是学习古人先贤留给我们的文化产物，更重要的是感悟其中的思想精髓，并使其与时代特征结合，赋予其时代价值和教育意义！

银领学院顶岗实习期间学生思想政治教育工作体系的构建及实施研究

2010年7月16日，时任中共中央政治局委员、国务委员刘延东来浙江金融职业学院视察工作，她充分肯定了银领学院校企合作、工学结合的办学模式，同时就加强高职学生的职业道德和思想政治教育，提出了明确要求和殷切希望："一定要思考如何加强职业道德教育，如何加强职业院校的思想政治教育，真正培养一批既政治合格、业务娴熟、品德高尚，又具有奉献精神的新一代职业教育学生，我们的高职同样能办成世界一流的学校。"

结合订单人才培养的特点和高职学生的实际情况开展思想政治教育，提高学生素质、提升人才培养质量，银领学院进行了积极的探索，特别是对顶岗实习期间学生的思想政治教育，银领学院转变思路、创新方法、构建体系，取得了明显成效。

一、背景与基础：顶岗实习期间为什么要加强思想政治教育

顶岗实习是高等职业教育的重要实践教学环节，是高职学生从学校走向社会，从学生向职业人、社会人转变的重要阶段。这一阶段，是对学生专业知识、业务能力、实践水平的检验，还是对学生适应岗位、融入团队、步入社会能力的锻炼，更是对学生人生观、价值观、工作态度、敬业精神等思想政治素质和职业素养的考验。这一阶段，不仅是专业实践能力实现跃升的关键时间点，也是开展思想政治教育、提升学生思想政治素质的重要时期。

（一）顶岗实习期间开展思想政治教育的理论基础

实践是认识的基础。毛泽东同志在50多年前就讲过，"人的正确思想从哪里来？是从天上掉下来的吗？不是。是自己头脑里固有的吗？不是。人的正确思

想,只能从社会实践中来。"[①]马克思主义认识论认为,人们思想观念的形成、发展,以及判断思想的正误都离不开实践,实践是人们思想认识的出发点和归宿,思想政治教育要引导人们形成正确的思想认识,必须以社会实践教育为教育的基本途径。[②]

实践教育法是思想政治教育的基本方法。所谓实践教育法,就是组织引导教育对象积极参加各种社会实践活动,从而不断提高他们的思想觉悟和认识能力,在改造客观世界的过程中同时改造自己的主观世界,培养教育对象优良的品德、行为和习惯的方法。中共中央国务院《关于进一步加强和改进大学生思想政治教育的意见》(中发〔2004〕16 号)中也明确提出:"社会实践是大学生思想政治教育的重要环节,对于促进大学生了解社会、了解国情,增长才干、奉献社会,锻炼毅力、培养品格,增强社会责任感具有不可替代的作用。"

顶岗实习是高职教育的重要实践教学活动,是学生步入社会、亲身参与、切身体验的过程,是世界观方法论的理论在具体工作实践中的初次运用。在学生自身与集体、个体与社会、学习与工作的互动当中,让学生接受政治教育和先进思想的影响,引导他们在思考中体会、在行动中感受、在经历中锻炼、在反省中感悟,是形成积极向上的政治思想素质,培养自我约束、自我调节和自我控制能力的绝佳机会,是解决思想政治教育中存在的脱离实际、形式单一、载体缺乏、学生主体缺失等问题的有效途径。

(二)顶岗实习期间开展思想政治教育的现实需求

顶岗实习阶段是高职学生从学校走向社会的人生转折时期,不管是社会、学校还是作为思想政治教育主体的学生自身,对思想政治教育需要的强烈程度远远大于其在校学习的其他阶段。

1. 顶岗实习期间开展思想政治教育,是学生成长的迫切需求

顶岗实习是学生第一次独立走上工作岗位,长时间直接面向社会,面对生活条件、工作环境、人际关系、工作压力等方面的根本性变化,学生一般都会出现思想波动,表现为不习惯、不适应甚至烦躁、焦虑、抑郁等情况。对于部分思想脆弱、心理承受能力差的学生,就容易出现各类问题。思想政治教育在结合学生面临的实际情境,采取恰当的教育方法和工作方式,帮助学生学会运用思想政治理论。蕴含的立场、观点、方法,掌握辩证思维方式,完善认知结构,学会正确看待问题,提高分析问题、解决问题的能力,能够发挥导向、保证、协调功能。在顶岗实习期间开展思想政治教育,是稳定学生思想、完善认知结构的迫切需要。

---

① 《毛泽东文集》第 8 卷,人民出版社 1999 年版,第 320 页。

② 黄志斌:《当代思想政治教育方法论》,合肥工业大学出版社 2012 年版。

顶岗实习期间开展思想政治教育，是提升学生专业实践能力、促进顺利就业的需要。在顶岗实习过程中，学生的思想动态和实习状态是紧密联系在一起的，只有具备了正确的价值观、虚心的态度、服务的意识、敬业的精神等思想品质，在实习过程中才会有积极主动、勤奋上进的表现，才能专心于专业知识学习、专注于实践能力培养，才能提升创新能力和就业竞争力。思想政治教育的开展，就是发挥其导向、激励、开发作用，帮助学生提升思想品质，激发学习动机和精神动力，促进专业能力的提升，实现顺利就业。

顶岗实习期间开展思想政治教育，是培养德才兼备的学生、实现职业发展的需要。在顶岗实习过程中，深入细致开展思想政治教育，可以引领学生把正确的思想观念、职业道德、行为规范"内化"为自身的思想政治素质、道德品行和职业素养，"外化"为精神风貌和行为习惯，发挥思想政治教育的价值导向功能，实现品德修养和能力素质的同步提升。顶岗实习是学生迈向社会的第一步，引导学生正确看待政治与工作、主观选择与客观需要、个人与国家集体之间的辩证关系，树立正确的世界观、人生观、价值观，形成积极向上的思维模式、工作态度、行为习惯和处事风格，将利于学生快速融入社会，为职业发展奠定扎实基础。

2. 顶岗实习期间开展思想政治教育，是学校管理和育人的现实需求

安全稳定一直是学校管理工作的重中之重。顶岗实习期间，整整一届学生分散在全省乃至全国各地的用人单位，首次真正迈向社会直接从事生产劳动，不管是学生思想的波动、处世的困惑、环境的适应、工作的压力，还是住宿的安全、上下班的交通安全、劳动生产安全等等，所带来的安全稳定压力都远远大于在校学习阶段。而学校对实习学生的管理又面临学生实习地域分散、实时监管脱节、与实习单位沟通复杂等客观问题。通过深入开展思想政治教育，不仅可以及时了解学生动态、解决学生思想困惑和其他方面的问题，从而预防因思想问题引发的安全问题，也可以在工作中及时发现并排除各种类型的安全隐患。

思想政治教育具有正确引导观念、激发学习动机和开发精神能量等功能，在顶岗实习过程中，通过思想政治教育与专业实践教学融合开展，对培养学生专业实践能力、增强学生工作的责任感和成就感，提升人才培养质量，具有十分重要的作用。学校人才培养质量，不仅体现在娴熟的技能、高超的专业能力，还表现在积极阳光的精神状态和乐观向上的处世态度，不仅停留在"会做事"层面，还体现在"乐于做事""懂得做人"。思想政治教育与专业实践教学的融合开展，能有效实现这一目标，从而培养出受社会欢迎的人，学校育人品牌的彰显。

3. 顶岗实习期间开展思想政治教育，是社会和用人单位的客观要求

在实习过程中，实习单位都为学生安排了实习指导教师，由于实习学生的特殊身份，实习单位对实习学生的教育与管理存在客观的困难，实习指导老师可能是业

务上的能手,但是在教育方面特别是思想政治教育方面的能力可能比较欠缺,所以迫切需要学校的参与。通过学校积极主动开展学生的思想教育与引导工作,解决学生的思想困惑,激发学生的工作激情和学习欲望,在工作的过程中培养学生的诚信意识、责任意识、纪律意识,提升学生的职业道德素质,从而更好地完成学生实习工作,为企业输送更加优秀的人才。

(三)顶岗实习期间开展思想政治教育的有利条件

在校期间的思想政治教育,学校大多是根据教育行政部门的安排和要求,结合大多数学生的共性特点,以课堂教学或设计课外活动为载体,有计划地组织实施,思想政治教育大多从教育者的层面出发,通过开展集中性的、普遍性的教育形式来实施,而较少站在学生现实需求的层面,因此容易出现空洞、脱离实际而不容易被学生接受的情况。生活在学校相对封闭的空间里,学生对思想政治、社会心理等问题的真实接触与深入思考也相对较少,对学校开展的思想政治教育会认为离自己得太远而不重视、不愿接受,也难以进行体验、产生共鸣。在走向实习岗位后,学生对现实社会生活有了直接接触和感受,会遭遇到激烈的思想碰撞、强烈的心理挫折、强大的工作生活压力,会真正体会到思想政治教育的重要意义,主观上对思想政治教育更加渴求,这时的思想政治教育更容易将理论与现实紧密相连,使教育变得直观与鲜活,针对性更强,教育效果更显著。

同时,在顶岗实习期间,社会、实习单位具有丰富的、生动的思想政治教育资源可以利用,例如优秀的企业文化、典型的先进案例、成熟的职业道德规范等等,这些教育资源既真实具体又生动形象,容易被学生所接受和内化。

(四)顶岗实习期间开展思想政治教育的客观困难

顶岗实习期间,学生因分布在不同实习单位的不同工作岗位上存在,地理位置分散、工作环境差异、实习内容不同的原因,给思想政治教育工作的开展带来巨大的挑战,具体的困难包括以下方面:

1. 学生思想动态的准确把握

实习期间,学生工作单位、住宿都比较分散,与老师、同学的交流也相对较少,接触的基本以实习单位的同事和客户为主,如何准确把握学生的思想动态成为思想政治教育最重要同时也是最困难的任务。

2. 学生行为表现的及时掌控

学生实习期间的行为表现,是有针对性开展思想政治教育的重要依据,也是教育引导的主要内容。全面、正确、及时获知学生的行为表现,是思想政治教育有效开展的前提。

3. 教育方法和内容的个性化要求

实习期间的思想政治教育，不能是整齐划一的理论灌输或步调一致的实践活动，而是要结合学生所处的实习环境和具体的实习岗位，根据学生所面临的思想、心理、行为等方面的问题，进行个性化的教育与指导。学生这时反映出的问题，有显性的，也有隐性的，有思想心理方面的，也有行为处事方面的，这需要老师结合实际情况去分析、把握、引导以便更好进行思想政治教育。

4. 教育力量的有效整合

实习期间思想政治教育的开展，需要整合各方教育力量，包括校内的专业实习指导老师、班主任、辅导员，也包括校外的实习单位主管、企业实习指导老师等。每位参与老师因工作理念、态度、方法、能力的不同，会存在较大的差异，所以需要进行专题指导与针对性培训；把不同岗位老师的思想政治教育目标、内容、职责，进行统一的管理、协调，以形成工作合力。

5. 远程交流与教育成效判定

实习期间，思想政治教育大部分采用网络、手机等交流工具开展，与面谈相比，远程教育的成效判定也是需要考虑的问题。

二、目标与思路：顶岗实习期间如何开展思想政治教育

（一）顶岗实习期间思想政治教育的目标和任务

《中共中央国务院关于进一步加强和改进大学生思想政治教育的意见》（中发〔2004〕16 号）明确提出，加强和改进大学生思想政治教育的主要任务是：以理想信念教育为核心，深入进行树立正确的世界观、人生观和价值观教育；以爱国主义教育为重点，深入进行弘扬和培育民族精神教育；以基本道德规范为基础，深入进行公民道德教育；以大学生全面发展为目标，深入进行素质教育。《教育部关于全面提高高等职业教育教学质量的若干意见》（教高〔2006〕16 号）也提出，高等职业院校要进一步加强思想政治教育，把社会主义核心价值体系融入高等职业教育人才培养的全过程；要高度重视学生的职业道德教育和法制教育，重视培养学生的诚信品质、敬业精神、责任意识和遵纪守法意识，培养出一批高素质的技能性人才。高职顶岗实习期间的思想政治教育，要按照上述文件所明确的任务要求，按照学生思想政治素质养成规律，结合顶岗实习的实际状况，开展有目标、有组织、有计划的教育活动。

1. 提高认识，促进内化

思想政治教育所蕴含的政治、思想、认识、道德等内容，只有为受教育者所接受，并内化为他们各自的某种深刻而稳定的心理结构，外化为一种现实的心理能量以及个体意识和行为习惯，才能增强他们的主体意识和主体力量。[①] 面对社会环境与学校环境的差异，需要通过思想政治教育，结合学生在学校所学的思想政治理论知识，深刻认知思想观念、价值准则、行为规范等外在的社会要求，接受优秀的企业文化，并在实习实践的过程中自觉将认知转化为内在的个体意识和思想动机。

2. 引导实践，推进外化

思想政治教育价值的实现离不开实践过程。首先，思想政治教育价值的创造和实现过程，本身就是处理人与人之间社会关系的实践；其次，思想政治教育价值的实现要与其他的实践形式相互影响、相互作用、互为前提，尤其是要以物资生产实践为基础。[②] 顶岗实习中思想政治教育的重要目标，是通过引导学生在生产实践的过程中对思想认识进行自我反思、情感认同和意志努力，学会用正确的理论、方法分析社会现象，把个体意识和动机外化为良好的道德习惯和行为习惯，积极践行社会主义核心价值观，实现知行转换。

3. 引发感悟，实现升华

从理论知识到行为实践，再从行为实践到理论感悟，循环往复不断深化发展，是认识辩证运动发展的总过程，也是思想政治教育价值实现的总路径。顶岗实习中的思想政治教育，要有意识地通过在实践中引发学生的思考与感悟，使学生从思想认知到情感认同再到意识升华，使得思想水平不断提升到一个更高的境界，促进思想品德的形成发展和人格的完善。

（二）顶岗实习期间开展思想政治教育的基本思路

1. 确立专业教学与思想政治教育相互融合的理念

育人为本是教育工作的根本要求，是思想政治教育育人的重要方式，专业教学不能只停留在职业能力培养上，还要主动融入符合自身特点的思想政治教育工作内容。教学系部、专业课程组要将思想政治教育开展与具体课程教学结合起来，专业教师要从基于个人教学经验和教学习惯、注重教学与训练实效的技术性扩张，向加强思想政治教育、重视教育观念和育人本质内在探寻的理念生长核心转变，要以思想政治教育的价值与意义来促成专业教学行为的改进，使专业教学与实践从培养工具性的人这一低层面教育目标，提升到学生认知、情感、态度、人格这一更高的

---

① 张耀灿等：《现代思想政治教育学》，人民出版社 2006 年版。

② 胡国义著：《思想政治教育价值论》，浙江教育出版社 2009 年版。

价值层面，从而从根本上提高学生的综合素质和可持续发展能力，实现人才培养质的提升。顶岗实习作为专业实践教学的重要阶段和特殊形式，更需要确立专业教学与思想政治教育相互融合的教育理念，以学生的成长、成人、成才为目标，谋划教学实践内容，整合教育教学资源，制定落实措施和考核方案，以达成育人的目标。

2. 整合校内外各方教育力量，形成协同参与的育人工作机制

顶岗实习牵涉思想政治教育、教学实践组织、学生管理和企业协调等各个方面，学校需要整合职能部门、专业指导教师、企业指导教师、辅导员、班主任以及管理、教学和学生工作的各方力量，以育人为目标、思想政治教育为核心、专业实践能力培养为重点，形成确立方向、明确职责、深化内涵、强化考核、协同工作的机制。特别是对于直接面对学生的实习指导教师、班主任，要加强对学生的理念引导，并通过实习指导记录、工作笔记、实习总结等形式，促进他们在工作过程中有意识地将思想政治教育和专业实践能力培养融合起来，指导、帮助他们运用思想政治教育的力量，从学生积极上进的人生观、价值观培养和健康人格塑造出发，结合学生的认知、情感、态度、意志、毅力，激发学生的内部驱动力，实现学生的主动发展、自觉成才。

3. 充分应用企业教育资源，创新思想政治教育载体

思想政治教育载体是联系思想政治教育主体和教育客体的桥梁和纽带，能够承载、传导思想政治教育信息或内容，并服务于思想政治教育方法。顶岗实习为思想政治教育提供了丰富的既具有行业、企业特色，又生动具体、贴近实际的工作载体。除了实习过程本身就是生动的思想政治教育活动载体外，顶岗实习期间思想政治教育还可以充分应用行业文化、企业价值观、职业道德规范、服务标准、先进人物事迹、真实事例等文化载体，企业形象标识、警示标牌、服务标语等物质载体，开展生动活泼、形式多样的思想政治教育。如通过企业优秀员工服务社会需求、体现人才价值的成才、奉献的案例，开展人生观、价值观教育，培养正确的价值取向，树立正确的择业观、成才观，培养学生自信、自强的品格；通过引导开展专业实践锻炼，培养吃苦的精神、磨炼坚强的意志、历练持之以恒的毅力等。学校还可以通过到实习单位召开现场座谈会，邀请实习单位领导、实习指导老师、优秀员工代表参加，共同分析实习中存在的问题，分享实习经验与实习体会，利用企业的教育资源，开展体验式教育，真正做到专业实践能力和思想政治教育的相互促进、共同提升。

4. 运用信息化管理手段，提高管理时效性

顶岗实习期间，学生实习地点分散、沟通交流不便，若要及时掌握学生的思想动态和实习状态，就需要在学校、学生、企业、指导老师之间搭建一个基于互联网，集沟通、管理、教育、服务、监控于一体的信息管理平台，用相应的规章制度保证管理措施的落实。通过信息管理平台，学生定期报告实习岗位、工作内容、实习收获

与体会等情况；指导老师、班主任、辅导员应及时批阅学生实习报告，及时了解学生实习动态，有针对性的进行反馈、指导，并转发、分享典型经验；职能部门、系部管理员可以汇总、统计实习信息，督查学生的实习和教师的指导情况。

5. 采用新媒体工具，提高指导的针对性

90 后的学生，普遍使用 QQ、微信、微博等新媒体来接收信息、发表动态和展示心情。在运用信息管理平台开展共性管理、教育和指导的同时，相关老师也要充分利用新媒体工具，共享哲理性的文章进行引导、正能量的短文进行激励，同时要关注微信朋友圈、QQ 空间以及微博中的学生动态，及时发现学生的思想、心理问题，并进行点对点地针对性指导。

6. 完善实习考核评价，突出思想政治表现

顶岗实习的考核标准，是导向和指挥棒。实习考核的内容不仅要包含专业实践能力，也要重点考察价值取向、诚信品质、工作态度、责任意识、敬业精神、行为规范等思想政治要素，引导学生不仅要重视实践能力的培养，也要重视职业素质的养成和思想政治素质的提升。

三、平台与机制：顶岗实习期间怎样开展思想政治教育

银领学院根据订单人才培养的实际情况，从学生顶岗实习期间思想政治教育的薄弱环节入手，经过五年的探索与实践，通过对学生顶岗实习期间的思想政治教育进行科学设计、合理安排，初步构建基于顶岗实习管理信息系统平台，实现现场指导与远程教育相结合、专业教师与思想政治教师相协作、学校教师和企业指导教师共同参与的“立体化”思想政治教育体系，顺利推动高职学生向职业人、社会人的转变。

（一）开发实习系统，畅通工作渠道

一是开发实习管理系统，增强工作的实效性。高职院校信息化是国家信息化发展的重要组成部分，对于优化教育教学手段、促进教育公平、深化职业教育改革、提高人才培养质量和效益具有深远意义。特别是高职院校信息化建设已成为当前教育行业新热点，《国家中长期教育改革和发展纲要》指出要进一步加强信息化应用，打造公共服务平台，推进教育信息化、管理信息化和服务信息化的发展。[1] 信

① 任宏娥：《生态化高职院校信息平台建设研究》，《天津市教科院学报》2012 年第 2 期。

息平台建设是提高教学质量和教学水平的关键因素。[①] 为了更进一步推进教育、管理、服务学生的工作，2010 年暑期，银领学院开发了《顶岗实习管理系统》，该系统是在学校、企业、老师、学生之间搭建的一个信息系统，集管理、监控、沟通、教育于一体的管理平台。校外实习学生利用休息时间登录实习系统反馈实习感悟，关注学院动态，辅导员、班主任通过鼓励学生在实习系统记录实习日记并大量批阅学生实习日记，针对性进行反馈、指导，并转发、分享典型经验，及时了解和掌握学生的思想动态，做好思想政治教育，从而引导学生在顶岗实习阶段更快速地适应岗位，以端正的态度和积极的心态克服困难、积累经验，促进学生优质地成长成才。2014 年，银领学院在原有学生顶岗实习管理系统的基础上，根据前几届学生顶岗实习期间利用该管理系统情况的跟踪反馈，针对 2015 届毕业生，更新开发了顶岗实习管理新系统——银领学院学生顶岗实习管理系统。

系统的主要功能包括以下方面：

1. 对象全覆盖

实习系统使用用户分为超级管理员（银领学院党总支书记、学工办副主任、辅导员）、班主任、校外实习指导老师、家长、企业（实习订单单位）、学生，主要针对使用对象是学生，通过多视角、广范围、深层面、全覆盖的综合“账号”监管模式，全面加强银领学院老师及行业对实习学生的管理，做到了一个都不落下、一个都漏不掉的全方位立体化远程教育新模式，实现了银领学院思想政治教育的翻转新体系。

2. 内容全方位

银领学院要求 2015 届学生在顶岗实习期间定期写实习日志，汇报在岗位实习的内容、行业培训的课程等，记录自己实习的真实感悟。在“实习日志”项目中设有“实习日志管理”栏目，其中容纳了 2015 届银领学院 22 个行政班级选项，839 名学生定期上交的实习日志以订单班级分类汇总在该栏目中。

3. 过程全掌控

系统增加了“实习心情”栏目，学生写日志时可根据实际情况选择 5 种不同的心情状态：“心情很好”“心情不错”“有点郁闷”“不开心”“很恼怒”，班主任、辅导员、指导老师重点关注心情“有点郁闷”“不开心”“很恼怒”的学生日志，及时批阅进行反馈，鼓励学生克服不良情绪，营造积极心态，从容地面对实习期间遇到的各种问题。

4. 指导多角度

实习日志内容主要涉及实习内容、实习期间的感悟，日志完成后学生可自主勾选“允许分享”或“不允许分享”选项决定该篇日志是单独向班主任、辅导员老师开

---

① 袁文秀、余恒鑫：《关于网络信息生态的若干思考》，《情报科学》2005 年第 1 期。

放，允许分享的日志可以被老师分享推广到订单班级、银领学院范围。“所有分享日志”栏目下是被分享的学生日志，班主任、辅导员、指导老师及家长可以选择分享学生的实习日志，主要是实习期间遇到有代表性问题的日志，学生积极向上的感悟，贫困生、意志力薄弱学生、实习遇到困难的学生克服困难的励志日志等。实习系统充分尊重了学生的个人隐私，保证学生尽可能真实地抒发内心的感受及实习体会，通过分享、树立实习期间表现优秀的学生榜样，结合班主任、指导老师、辅导员等众多角度的关注和引导，有利于进一步树立职业化教育理念，端正工作态度，明确实习目标，营造积极心态，为学生顶岗实习和今后的职业发展奠定坚实基础。银领学院做到了充分结合实际，利用实习系统的“学校新闻”栏目，优化系统内容，增强可读性与及时性。在子栏目“学校新闻动态”中发布浙江金融职业学院、银领学院、订单行业、各系部及各部门新闻，使身处不同地区实习岗位的银领学子能第一时间关注到学校、行业等大事件，增强学生与学校的联系与了解，摆脱了毕业生顶岗实习时期，学校、学院对其管理、教育脱节的现象，起到了连接学生与母校情感的桥梁作用；班主任、辅导员在此栏目中定期发布思想教育理论性信息、对实习期间学生有教育指导意义的文章，结合学生实习日记感悟整理分享出优秀典型学生事例鼓励其余学生，整理出实习特殊时期学生存在共性的困惑、问题等案例并贴出指导建议供学生参考对比，便于及时掌握实习学生的思想动态与心理状态，有利于学院对重点学生的关注，积极引导学生树立正确的世界观、人生观、价值观、就业观，鼓励学生克服困难、不畏艰苦、勤奋学习、加强沟通，磨炼高职院校学生较薄弱的意志力，激励学生自我发现、自我成长。系统的更新使用为营造积极健康、乐观向上的实习氛围奠定了管理平台基础。学院、老师、辅导员、指导教师于另一子栏目“学校通知公告”中发布管理系统的使用更新信息，发布每周学生登录系统反馈数量，每周班主任登录系统次数、日期及对学生实习日记的批阅数量、质量，公告实习学生在行业中取得的成绩与荣誉，定期发布针对顶岗实习时期学生的业务训练、心理引导、就业能力提高等方面的相关文章，增进学生职业化综合素质的提高，积极引导学生的思想动态，努力提升学生心理品质。

通过以上系统功能的创新与使用，银领学院加强了对实习期间学生思想政治教育的正确引导及学院信息的宣传，扩大了对学生实习期间动态信息的掌握面，拓展了与订单行业联合监管、教育的方式，更全面深入地促进了学生与学校、行业、班主任、辅导员、指导教师、家长之间的交流与互动，深入促进了育人机制的创新，有效提升了优质银领人才的培养质量。通过对该实习系统的投入使用与反馈总结，银领学院实现了对学生实习期间的有效管理，更及时地掌握了学生在订单行业实习的工作内容和思想状态，促进了班主任、辅导员与学生之间的沟通与交流，改变了以往学生实习期间发生思想波动、出现负面情绪不能第一时间正确引导的劣势，以一种更灵活便捷的方式及更贴近90后学生使用习惯、倾诉模式的平台激发了学生抒发内心真实感悟的动力，有利于银领学院对毕业实习学生的监管、教育，有利于更快地发现问题、解决问题，有利于提高思想政治教育质量与发挥实践引导功能。

银领学院根据前几届实习系统的使用反馈，针对2015届学生创新开发学生顶岗实习管理新系统，通过班主任、辅导员、行业、校外指导老师、家长及学生的综合意见，整合优化了实习系统资源，对系统进行了深入详尽的使用、摸索与开发，使该系统具有立体化、专业化、科学化的优势和意义。第一，实习系统使各方及时、全面了解学生信息，跟踪实习进展，有助于解决学生在实习期间出现的各种问题，便于学校、行业、老师、家长科学有效、灵活机动地监管、教育、引导学生端正职业态度，树立积极的职业理想，以信息化管理的手段，提高了管理的时效性。第二，实习系统的登陆方式的多样性，通过电脑、手机、平板电脑等多种终端登陆，有效解决了学生实习期间上网不便的窘境，也符合大数据时代大众信息浏览的行为习惯，提高了收集上传信息动态的效率。第三，大数据时代，网络资源及个人信息的安全尤为重要，实习系统在有效实现了对学生实习情况汇总、整合的同时，提高了安全监控，班主任、辅导员、指导老师严格遵守保密原则，保证学生个人信息不外泄，系统安全性能高、严谨程度强的特点保障了学生信息资料的安全，避免了安全事故的发生。第四，系统查询功能的更新便于银领学院管理员汇总、统计、查询、批阅相关实习信息，监管不同地区、分散岗位的学生，督查班主任、指导老师的引导工作及学生实习思想动态的汇报，更进一步提高信息汇总效率，大大减轻了工作量。第五，系统保密原则、严谨原则、及时原则的强调及系统操作程序的制定，有力地结合了相对应的制度用于保障系统的管理覆盖的落实。

（二）开发行业企业教育资源，推进校企合作网络

产学合作是高职教育的生命力所在，作为由金融行业订单班组成的二级学院和与行业企业交流的重要窗口单位，银领学院十分重视与行业企业的联系，通过多年深入了解行业人才培养需求，主动整合企业教育教学资源用于订单人才培养工作，综合推进校企合作，提升订单人才培养的质量。银领学院通过以下几种模式促进校企合作网络的有效落实：

1. 举办订单行业开班仪式和座谈交流活动

银领学院通过与行业沟通，举办订单班开班仪式，邀请订单单位的人力资源部门领导、业务部门骨干、优秀员工等与学生面对面交流，共同分析实习中存在的问题，分享实习经验与实习体会，利用企业的教育资源，开展体验式实践教育，把理论认识和实践经验相结合，真正做到专业实践能力和思想政治教育的相互促进、共同提升，促进学生与行业间的深入了解。

2. 行业授课及顶岗实习

银领学院通过学校与行业双管齐下，双线教学模式，积极联系行业开展专业指导课程，鼓励订单单位安排业务骨干、内训师到校培训授课并直接安排学生实习，对学生进行企业价值理念和银行业务培训，为每一位学生配备实习指导师傅进行一对一业务指导，通过相关考核后，学生和师傅共用一个工号进行实践操作，充分调动行业参与学生教育管理的积极性，有效地弥补了班主任、辅导员指导学生顶岗实习数量不足的矛盾，极大提升了人才培养的效率和质量，体现了订单式人才培养的优势。2014 年上半年，银领学院 2014 届各订单班全部完成行业岗前培训并参加顶岗实习，98％以上学生达到订单单位要求并顺利上岗就业。

3. 加强行业走访，增强工作针对性

在学生顶岗实习期间，银领学院组织辅导员、班主任定期走访行业，详细了解学生实习表现。走访中，结合实习系统中学生反映的问题，辅导员、班主任与实习单位管理人员召开实习学生座谈会，有针对性地开展思想引导和实习指导工作，了解行业对人才培养的需求，为更好开展订单人才培养总结经验、积累材料。学生顶岗实习期间，学院、老师、行业可以充分结合行业文化、职业道德规范、先进人物事迹及实践锻炼等开展形式丰富的思想政治教育活动，树立学生正确的择业观、成才观，磨炼坚强的意志，形成持之以恒的毅力。

（三）实现专业教学与思想政治教育相互融合

如何实现专业技能教学与思想政治教育的有机融合，从而提高人才培养质量，完善教学内容是高职院校教学改革的重要内容。银领学院结合实际教学与学生顶岗实习的管理，深入展开专业课程教学和思政教育工作的进一步研究探索。高职技能人才的培养过程中离不开枯燥、艰苦、循环往复的专业技能训练，学生在技能训练中易产生疲惫、抵触、懈怠的情绪，遇到困难和挫折则停滞不前，需要思想政治教育的正确引导和动力激发；如何更好地开展学生思想政治教育形式，历来是各高校、教师探索研究的重难点课题，如果学生的思想品质、道德情操和意志品质能被正确积极地引导，学校教育开展起来将顺利很多。然而思想政治教育是一项枯燥乏味的理论说教，学校、教师能开展寓理论教育于实践活动中的教育活动，学生会更乐于接受思想政治教育，从而能加深对理论的理解。思想政治教育是生产力，学生思想的改变需要通过专业教学的渗透，将二者有机结合起来才能更好地实现育人为本的目标。银领学院以专业实践能力培养和思想素质、心理品质提升的融合为理念，紧密对接学生工作岗位，讲究教育教学实效。银领学院职业礼仪教研室职业礼仪课程的教学改革重心强调既开展职业礼仪行为的规范训练，又重视在日常生活、学习中的应用，重视良好习惯的养成和素质素养的内化；职业技能教研室职业技能课程重点将技能的强化训练和学生学习动机激发、意志力提升和刻苦精神培养结合起来，努力实现技能水平和心理品质的同步提升；职业素质教研室的职业素质课程实行案例式、体验式教学，通过思想引导、观念引领、情感体验、习惯养成来实现学生行为改变和素质提升。银领学院在培养符合行业发展要求的订单人才时，从以下三方面合力开展："(1)更新教育观念，营造全员、全方位、全过程育人的良好氛围；(2)提升技能教师教学水平，推进技能教学的改革创新；(3)加强联系、扩大交流、形成思想政治教育工作与技能教学互动机制。"①实现在专业技能训练中发挥思想政治教育的价值，促成专业教学行为的改进，使专业教学与实践从培养符合岗位技能要求员工这一低层面教育目标，提升到学生认知、情感、态度、人格这一更高的价值层面，从而从根本上提高学生的综合素质和可持续发展能力。学生顶岗实习期间，是专业技能教学的重要实践阶段，实现专业教学与思想政治教育相互融合，做到全面监管、教育、引导学生，有利于实现学生的健康成长与成才发展。

（四）利用现代网络，开展思想政治教育工作

现今社会是一个信息飞速传播，互联网科技高速发展的科学技术时代，新兴科学技术与信息高速公路的普及，新媒体工具的运用，对当代高职院校学生的思想、行为模式都存在着深刻的冲击力和影响力。目前，网络已经成为时代必不可少的发展因素，并通过各种模式融入人类思维、行动发展的活动中，学校必须第一时间强力占领网络信息平台，弱化抵制网络上流行的不良思想、负面情绪和怠惰态度对实习期间学生的影响，合理利用新媒体各种宣传教育手段，充分加强积极的思想政治教育工作，传播正能量，引导学生成长成才。银领学院通过掌握开发时下最流行的新媒体工具，如微信公众平台、QQ、微博，倡导班主任、辅导员学习新媒体网络工具的使用，通过这些90后学生热衷度高、关注度强的沟通交流方式，及时跟进对学生的了解，走进学生、传播思想政治教育理念，力争在潜移默化的影响中开展思想政治教育工作。90后学生普遍喜欢使用QQ、微信、微博等新媒体方式接收信息、发表动态、展示心情。在运用信息管理平台开展共性管理、教育和指导的同时，相关老师要充分利用新媒体工具，共享哲理性的文章进行引导、正能量的短文进行激励，充分发挥新媒体的优势力量，同时时刻关注微信朋友圈、QQ空间以及微博中学生的思想动态，及时发现学生的思想、心理问题，并进行点对点的针对性指导；辅导员、班主任通过QQ群联络银领学院各班级班委，及时发布学院信息、任务，传达学院精神和育人措施，同时使用这种与学生沟通交流的便捷平台，掌握发现学生思想波动、心理不健康及职业态度懈怠的现象，第一时间深入开展各个击破教育引

---

① 王祝华、章叶英:《高职技能教学中开展思政教育的思考》,《职教通讯》2012年第2期。

导，更全面地促进实习期间学生思想引导；银领学院于2014年下半年创建“成长银领”微信公众平台，主要面向银领学子、全校师生、订单行业及社会各界人士，以时下最流行的信息平台、最快捷的传播手段、最受学生欢迎的操作软件，实现了宣传、发布银领学院开展的各项活动，通过学生们一传一的关注、评论、点赞、分享，形成良性循环，达到对浙江金融职业学院及银领学院的宣传，使社会各界增进对本校的了解与关注；银领学院官方腾讯微博的创建，有效地链接学院、教师、行业与学生的联系，提高学校知名度，增强实习期间学生自信心和荣誉感。可见，学生顶岗实习期间，学校、老师采用新媒体工作提高学生思想政治教育是校企合作订单式教育的大势所趋，只有教育的主体学校、老师充分合理利用网络信息平台，通过各种新媒体手段潜移默化地影响、指导、教育学生，才能培养越来越多的优质精英人才，更好地向社会输送时代接班人。

(五)联合校内外优质人才力量，打造综合育人机制

银领学院始终坚持贯彻“育人为本”的理念，着力实行职业礼仪提升工程、学生素质特长专项培训班、学生团辅素质拓展活动，认真探索、积极实践，营造专业教师人人参与，银领学子人人受益的育人格局与氛围，在育人工作中，合力打造具有银领学院特色的具备良好专业水平、过硬职业能力、良好综合素质的人才。首先，银领学院将良好的职业礼仪行为习惯的培养纳入学生学习规划，建立班级礼仪早训制度，充分运用学生自己的优势与宣传阵地，有针对性、启发性地引导学生在良好的育人环境中养成习惯，职业礼仪提升工程取得了明显的成效。银领学院通过职业礼仪教研室的教育计划的制定，礼仪老师具备的良好形体优势、感染能力及专业素养，通过内容活泼的礼仪课堂，形式丰富的考核方式及学生职业化素质礼仪大赛的竞争模式，促进学生职业礼仪技能的掌握和职业能力的培养。其次，学院坚持“以生为本”理念，以思想政治教育为引导，在巩固专业教育、技能培训的基础上，深入发展素质教育，拓宽素质培养覆盖面，结合全面教育和个性发展，求同存异、针对性培养，满足学生学习兴趣、优势爱好、个性发展的需求，旨在充分开发并激活学生优势潜能，培养全面发展的综合性人才；银领学院培养订单学生特长能力有助于其主动地适应订单行业要求，适应社会发展，提高职业竞争优势，从而更好更快地适应和推动其在职场上全面和谐的发展，满足现代社会对人才多元化、复合型的要求；学院具备专业能力和艺术特长广泛的优质师资力量，硬件设施齐全，良好的客观条件有利于学生个性特长发展，对于存在较多个性特长突出的学生，银领学院在课堂教学外充分利用有利条件更大价值地满足学生学习、交往、发展的需求，更好促使学生参与教学活动。基于以上三点的必要性、迫切性和现实依据，银领学院开展素质特长生培训班，依托本校师资力量，结合外聘专业教师培训，提供一对一教

育服务，激发兴趣，科学培养，把课堂教学、课外训练、专项交流、展示活动相结合，夯实特长基础，彰显学生个性，促进创新发展，充分巩固发展已具备较好优势基础学生的特长，培养综合型人才，在全面育人的基础上培养精尖特长人才，实现尊重学生需求的幸福教育。第一，开展六大类素质特长培训班教学模式：(1)新媒体制作特训班；(2)新闻通讯稿特训班；(3)演讲与主持特训班；(4)音乐表演特训班；(5)乒乓球特训班；(6)羽毛球特训班；充分调动学校各类特长专业教师，如民族美声指导教师吴慧凤，流行乐曲指导教师袁清心，体育教研组专业教师，实践教学中心新媒体制作指导教师汤闵，外聘专业主持演讲教师指导银领学子综合更优质地发展；第二，举办专题交流、竞赛活动、汇报演出。学生掌握特长技能后，组织相同特训班成员间比赛及不同特长培训组间互动交流，举办活动、比赛等；培训班结束后组织学生自主组织举办特长汇报演出及展示活动，寓获得性学习成果于实践中，培养学生良好的优质特长与个性魅力，提高主动学习和实践操作的能力，学会欣赏并创造美。通过组织素质特长培训班，对已经具备较好基础的特长学生进行专门指导、专项训练，巩固学生特长优势、增强学生综合能力、培养职业竞争优势，更好更快地培养综合性一专多能的学生，不断挖掘学生潜能，发挥其主动性和创造性，使得特长班学生思想品质、心理素质、特长兴趣、身体素质等各方面全面提升及个性发挥，彰显银领人才培养的特色，打造素质品牌的目标，为银领学子进入行业及社会奠定坚实的实力和优势，实现“以生为本”的幸福教育。第三，结合校内具有心理学相关背景的辅导员、专业教师，协同制定针对银领学子的心理健康团体辅导、朋友互助及素质拓展项目，开展一系列有意义的活动。让学生思想政治教育和心理健康教育于实践活动中，通过小班教育、跟踪观察、潜移默化的模式不断改善银领学院高职学生意志力薄弱、心理素质较差、抗压能力不足等现状，为提高学生心理品质、树立良好人格做了突出贡献并继续走在不断探索改进的道路上。顶岗实习期间涉及学生思想政治教育、实践教学锻炼、学生职业能力养成等各环节，银领学院通过联合校内外优质教育人才专家，组织开展综合性特色育人第二课堂，整合了各方优势力量，指导、帮助学生培养职业能力和专业特长，将育人目标和思想政治教育有机结合，形成了特色育人的机制，实现了学生的主动发展、自觉成才。

（六）开展电话家访，做好家校沟通

为了进一步深化学院"以生为本"理念，强化服务学生意识并做好服务学生工作，银领学院开展辅导员、班主任电话家访活动，密切老师与学生家长之间的联系，巩固起全方位的家校沟通桥梁，有力促进学校、家长、老师对学生的全面监督管理体系的形成。实习前，银领学院辅导员组织开展《给家长的一封信》活动，把学生实习期间的工作及要求明确告知家长；实习中，辅导员、班主任开展电话家访活动，积极发挥家庭在学生思想政治教育中的作用，建立学校和家庭密切联系的机制；实习结束返校时，辅导员、班主任督促学生电话联系家长，既报平安又共享实习收获。电话家访严格按照学院提出的"四个一"要求，即：一声亲切问候，一段自我介绍，一次生情沟通，一句真情感谢。并在此基础上与学生家长开展如下内容的交流：学生进入订单班以来，思想政治方面的表现情况；课程学习及班级排名情况；中文输入、点钞、电脑传票等技能达标的情况；会计从业资格、银行从业资格等职业资格的取得情况；参与订单班级、银领学院开展的活动情况；各级各类的奖学金、专业竞赛、文体竞赛的获奖情况；在行业顶岗实习的情况；与寝室、班级同学相处等生活方面情况；学生进入实习岗位后，具体的安全、心理、学习、心态等情况。通过开展电话家访，有助于班主任、辅导员进一步了解学生的家庭背景、成长环境，促使学生家长全面掌握学生在校及实习情况，进一步促进学校、家庭育人合力的形成，进一步促进育人工作的实施，进一步促进落实学院"三关"服务体系，深化"爱生"活动。

（七）健全规章制度，完善实习考核评价体系

银领学子进入订单班学习不仅是为了工作而学习，而是更好地培养自身的综合素质和专业技能，为顶岗实习打下坚实基础，从而能够在今后的工作岗位做出成绩，更好地适应社会的需求，科学合理可持续地发展自我。学生顶岗实习阶段的考核标准是导向和指挥棒，考核的内容不仅涉及专业技能的量化，而且更重点考核的是准员工们的价值取向、诚实守信、工作态度、行为规范、坚定意志、责任意识、团队精神、敬业理念、职业理想等思想政治要素各方面。银领学院制定出台了《学生实习期间的管理办法》，规范了实习期间的管理工作；与订单单位签订培养协议，规范和监督企业专业技术人员对实习学生的指导行为；完善学生顶岗实习期间的评价考核制度，将学生在实习单位的表现与评优评先、奖助学金发放、先进顶岗个人和优秀实习集体等工作有机结合。银领学院通过建章立制，突出思想政治教育表现形式，形成了系统而又完整的学生顶岗实习管理机制，从而引导学生重视实践锻炼能力的培养的同时，更加重视职业素质的养成，意志品质的形成和思想政治素质的提升。

四、总结与彰显：顶岗实习期间思想政治教育工作初见成效

（一）三方联动，加强了学生思想政治教育

通过科学、专业的思想政治教育工作体系，使学生在顶岗实习期间接受了学校、企业和家庭的三重管理，有力地协调和保证了学校、学生和企业三方的权利和义务。学校和行业的鼓励措施，在实习生中树立了高尚思想道德的学习准则，鞭策措施则有效约束了学生的不良行为，使学生的思想道德素质普遍得到提高。

（二）提升素质，推动了学生优质就业

学校通过设计、实施和推进学生"千日成长工程"，使浙江金融职业学院学生的学业生涯和职业生涯设计更加科学，成长目标更加清晰，成才效果更加明显。据麦可思公司对学院毕业生的调查报告显示，2010 届毕业生半年后的就业率为 97.0%、愿意向外推荐母校的比例为 84%、对母校的满意度为 95%，分别高于全国示范性高职院校 7.2%、24%、16%。[①] 银领学院订单班的学生在毕业以后都顺利进入了工作环境好、待遇优、发展有平台的金融一线行业就业。他们动手能力强、综合素质高，得到了行业的一致好评，学生签约率年年超过 98%，全部学生顺利实现对口就业，学生的薪资水平、工作环境名列同类院校前茅。2014 年 7 月，2015 届订单班组建完毕后，银领学院围绕职业意识、沟通表达能力、意志力、团队精神等职业素质提升，组织开展了专题素质拓展、"我的职业，我的梦想"演讲比赛、"磨炼意志，锻造品格"毅行活动、"提升职业素质，展示企业文化，展现银领风采"文艺比赛、"精彩分享，倾心交流，榜样激励——银领学子成长交流会""奔跑八万米，塑造新自我"挑战意志力活动、职业礼仪大赛、职业技能大赛等八大系列职业化素质提升活动，高效地培养了学生的就业竞争优势和职业发展能力，提高了人才培养质量，有利于订单班学生综合素质的提升，有利于其快速适应社会，快速融入行业、岗位，掌握一技之长的学生更是能够在行业领域发挥特长特色，为银领学院的优质品牌奠定基础，为今后更多届银领订单班学子树立榜样。

---

① 张鹏超：《高职院校素质教育载体构建与学生的"千日成长"》，《中国职业技术教育》2013 年第 16 期。

（三）确保质量，培育了优质金融银领人才

浙江金融职业学院银领学院实行“职业化教育、员工化管理”的学生管理机制，是着力打造“现代银行新柜员的黄埔军校”。2014 年 5 月，银领学院被教育部、国家发展改革委、财政部、人力资源社会保障部、农业部、国务院扶贫办等六部门授予“全国职业教育先进单位”称号。银行业务教研室、职业技能教研室指导的学生在 2014 年“全国大学生银行业务技能大赛”中以第一名成绩获一等奖，职业礼仪教研室指导的学生在省中华茶艺技能竞赛中获团体二等奖。例如，工商银行订单班学生陈施，毕业两年就获得中国工商银行“青年岗位明星”荣誉称号，浙江泰隆商业银行近 5 届 370 名订单班毕业生中，已经有 48 人走上中层岗位。他们以其优良的职业道德、扎实的职业能力和良好的职业素养在岗位上成长为“银领”人才。随着一批批优秀的银领学子走上社会走进岗位，银领学院更加严格要求学生，始终努力打造优质学子培养的订单模式，获得的成绩和荣誉更是不胜枚举。

（四）教学相长，增强了辅导员工作的针对性和自豪感

学生们个个实现了优质就业后，学校、学院纷纷收到用人单位的感谢信时，辅导员们深感开心与自豪，从学生身上找到了发展的力量，体会与感悟到辅导员价值存在的意义。辅导员在帮助学生发展的同时，也促进了自己的成长与发展，团队成员先后获得了省、市、校级各种荣誉称号。通过不断的教学相长和实践育人活动，银领学院的辅导员老师们在深入开展思想政治教育活动中积累了更多的经验和案例，把理论与实践相结合，在实践中找出了更好地教育学生的科学规律并在实践育人的道路上不断继续前行。

（五）推广运用，具备较为普遍的示范意义

浙江金融职业学院作为首批 28 所国家示范性高职院校之一，学校各系部及二级学院通过多年专业优势突出的系列品牌项目的开展与探索，创新推出了财经类高职学生素质教育载体——学生“千日成长工程”，积极开展素质教育，营造出学校“人人成才、天天进步”的育人氛围，有效地促进了学生的优质成长成才。银领学院的培养对象是大三毕业订单班的学生，着重培养学生职业素质和核心职业能力，学生以“行业学徒”的阶段性学习身份，通过银领学院这个优质平台，学习、养成了良好的职业素质、职业能力、职业技能和道德品质，学院注重学生实践能力、创业意识的培养，提高学生的就业能力和创业能力。在学校致力打造的“品牌金院，品质学生”学生“千日成长工程”育人品牌项目中，银领学院基于信息平台的高职学生顶岗实习期间思想政治教育工作体系项目已列为学校育人品牌项目之一，同时，《银领

学院学生顶岗实习管理系统》获得学院“信息化创新典型案例”一等奖。近年来《中国青年报》、《青年时报》、《浙江教育报》等新闻媒体对银领学院的思想政治教育进行了深度报道，该工作体系得到了学校、企业、学生和家长的充分肯定和赞誉。作为国家首批示范性高职院校，省内外高职院校在与学校交流过程中，纷纷学习和借鉴银领学院的经验。

五、深化与完善：顶岗实习期间思想政治教育如何更好开展

高职院校毕业生顶岗实习期是高等职业教育的重要实践教学环节，是高职学生完成从学校走向社会，从学生向职业人、社会人转变的重要阶段。实习顶岗期间，学生不仅要学习科学知识、专业技能、实践能力，而且要加强自身适应岗位、融入团队、步入社会能力的锻炼，是形成正确合理的人生观、价值观、世界观、就业观，端正工作态度、优化知识结构、增强敬业精神、促进职业能力、提升心理品质等思想政治素质的形成和考验。阶段银领学院在校企合作、工学结合的订单式人才培养模式下，结合学生顶岗实习期间思想政治教育的理论基础、现实需求、有利条件，运用科学的世界观指导实践教学活动，从而制定一系列方法论，开展丰富、有成效的学生思想政治教育机制建设工作，并取得了初步成效。银领学院针对学生顶岗实习期间思想政治教育工作的开展有力地加强了职业道德教育，促进了高职院校的思想政治教育，有利于培养思想端正、业务娴熟、品德高尚、品质优秀的专业人才，为把银领学院的品牌发扬光大奠定基础，为促进浙江金融职业学院建设成一流的学校并推动学生“千日成长工程”的育人品牌建设增砖添瓦。

（一）进一步完善实习期间思想政治教育体系全面覆盖

虽然国家、学校高度重视高职院校学生顶岗实习期间的思想政治教育，但这一阶段学生的思想政治教育，不能单靠某个学校或个人的力量，而是要在探索、发展中走出一条全覆盖、多方位、立体化的学校、行业、社会、家庭、学生相结合的系统路线，并且要把思想政治教育模式推广到更多的高职院校，使认识在实践探索的过程中发挥指导作用，也通过实践教学检验认识的正确性。人的认识过程是螺旋式的曲折上升的运动，只有通过不断探索，反复检验，最终才能根据具体问题具体分析的理论，找到适应各类高职院校思想政治教育工作的路线，创新工作方法，提升工作实效。

（二）做好信息素养培养，加强辅导员能力建设

在开展思想政治教育工作实践中，银领学院的辅导员、专业老师在运用科学的

思想政治教育规律和手段的同时,加强信息素养培养,顺应时代潮流,结合学生运用新媒体的特点,更具针对性地做好思想政治教育工作。每个高职院校都具有其文化特色,在进行学生顶岗实习期间的思想政治教育工作的同时要坚持科学化、专业化的原则,从高职院校实习学生的思想状态、职业能力、专业技能等实际出发,做好信息平台沟通零距离、高效率,在教育实践过程中逐步实施形成适合自身文化状态与学生特点的体系,充分利用好新媒体手段开展思想政治教育,培养出适应社会发展的综合型、高素质、应用型人才。

附件:教育部高校辅导员工作精品项——会计系“金手指”工程

2010年7月16日,时任中共中央政治局委员、国务委员刘延东来浙江金融职业学院视察工作,观看了会计系“金手指”们的技能展示,对同学们的熟练技能给予了高度评价:“刚刚看了同学们的技能练习课和实训课,你们学校办学特色明显……在人才培养、校企合作、服务地方经济上做出了突出的成绩”。她勉励学校“一定要思考如何加强职业道德教育、如何加强职业院校的思想政治教育,真正培养一些政治合格、业务娴熟、品德高尚,既具有奉献精神,又具备动手能力的新一代职业教育学生”。

刘延东勉励的会计系“金手指”是该系辅导员团队紧紧围绕会计人才培养目标,立足第二课堂主阵地,系统设计各环节,整合校内外优质资源,经过五年多的探索和实践,培育出的融合职业生涯教育、就业指导、学业辅导等“三位一体”的工作载体——“金手指”工程。该工程以培养高素质、高技能、优质就业的“银领”人才为培养目标,以职业导航、学业辅导、文化感召、择业指导等四环节为培养系统,以辅导员团队为主导,以全体学生为主体,以会计技能和银行柜员技能为主要训练内容的综合育人项目。该工程实施以来取得了良好的育人实效,打造了辅导员工作的品牌。

一、“金手指”工程的理论支撑

培养综合素质优良的高端技能人才,是当前高职教育的办学方向,是高职教育课程理念的依据,也是高职学生工作学业指导的重要方向。会计系学生工作团队经过多年的摸索和实践,设计并实施了以“金手指工程”为代表的辅导员育人载体。该工程是一项以学生团支部和职业技能协会为依托,以技能集训、测试、竞技、交流为主要方式,以辅导员团队组织协调开展学业指导为动力,以促进学生中文输入、点钞、电脑传票等技能项目训练为主要内容的系统工程。

职业技能作为一种特殊的职业文化,长期以来备受职业教育理论界的关注。回顾以往对职业技能的诸多研究成果,从 1985 年白树华在《人民教育》中以"重视职业技能训练"为题发表论文阐述了职业技能的概念和培养方法,开职业技能研究的先河,到现在人们对职业技能认识的百家争鸣,这是一个逐步发展,渐进提升的过程。在对研成果的梳理中发现人们常忽略对前提性问题即"技能""职业技能"等相关概念内涵的认识。正因为这样,出现了许多研究因对基本概念的理解不同而无法有效交流,甚至彼此混淆、误解的情况。为此在对职业技能习得与养成研究之前,有必要对职业技能这一基本问题进行梳理。

什么是"技能"? 不同的人有不同的认识,可谓仁者见仁,智者见智。在对技能现有研究成果梳理中概括起来,有代表性的观点有以下几种:一是"系统说",将"技能"认为是"个体运用已有的的知识经验,通过联系而形成的智力动作方式和肢体动作方式的复杂系统"(朱智贤,1989)。二是"方式说",认为"技能"是"通过联系获得的,运用知识来完成的活动方式"(黄希庭,1991)。三是"水平说",该观点将"技能"认为是"运用知识和经过联系达到会操作的水平"(车文博,2001)。四是"体系说",认为"技能"是"在一定目标的指导下,根据所拥有的知识和经验通过反复练习而获得的规则性动作体系"(周明星,2010)。通过对以上几种有代表性定义的分析,可以看到,尽管目前学者对"技能"的定义尚未统一,但基本都是从以下几个方面来理解的:首先,技能表现为一种活动方式,这种方式可以是外显的、展开的、动作的操作技能,也可以是内隐的、简约的、心智的认知技能;其次,技能的获得均是要在已有的知识和经验的基础上经过反复练习而形成的;第三,技能活动是在一定目的的指引下的一系列的动作组合,是一个有目的的动作系统。

什么是"职业技能"? 不少学者从自己的学科背景出发,提出了自己的见解,心理学研究者从技能形成的内在机制出发,认为"职业技能"是在"职业活动中,运用专业知识和经验,通过联系和实践而形成的操作系统或行为模式"(吴江,1998)。职业技能室个体在心理和身体上固定下来的活动活动方式,本质上是一系列规则和程序,它总是比较具体的,并与特定的活动相联系,具有以下几个特点:一是练习性,即需要由反复练习而获得的动作系列;二是动作性,即由一系列的动作及其执行方式构成,是会不会做和做得如何的动作掌握,而非知与不知的知识掌握;三是目的和法则性,即由一定的目的且遵循一定法则的动作体系,而非随意的、任意的动作组合(周明星,2010)。

教育家蒙台梭利在《童年的秘密》一书中认为,人的手是如此的精细和复杂,它不仅使心灵能展现出来,并且它使整个人跟他的环境建立特殊的联系。我们甚至可以说人"是靠了手占有环境的"。他的手在他理智的指导下改变环境,进而使人能完成他在地球上的使命。而金融行业的技能主要包括点钞、中文输入、电脑传票、反假币技术等四项，这些技能是衡量从业人员业务水平的主要标尺，是从业人员必备职业技能之一。财会行业的点钞、中文输入、电脑传票等三项技能的习得实际上是个体一个隐性知识获得的过程，从金融技能的实践来看，这些技能的形成是言传与身教的结合，其中有些是无法言传的，它是一个从知识到动作、不准确到准确、机械化到自动化、生疏到熟练的过程。金融行业的职业技能遵循一般职业技能的规律，其习得是一个从业者由初学者到专家的成长过程，即由情境感知到标准模仿到岗位练习再到个性内化的过程(周明星，2010)。

1. 情境感知

在感知过程中注重与财会行业的实际工作情境相结合，让学生对将要从事的职业、工作岗位和技能要求有个整体的感知认同，明确将要从事的工作需要具备的知识与技能，明确专业学习的目的及内容，以初步形成对专业的感性认识，并产生对职业技能学习的兴趣。因此，这一阶段的任务不是让学生掌握与工作实践相对的理论知识，而是在与行业师傅的接触过程中，感受职业技能的魅力，通过潜移默化的方法来引导学生树立正确的职业人的职业观、技能观，在不知不觉中领悟师傅的工作技巧，甚至领悟一些师傅都不能语言传授的技巧。

2. 模仿标准

行业技能的标准是社会大生产发展的必然要求，也是组织专业化的一个重要条件。模仿标准是指学生在不断尝试错误中，逐渐向正确的、经济的、高效的财会技能指法靠近，优化自我操作的过程。其中有研究表明，是适当减少模仿阶段的反馈频率和延缓反馈时间有利于动作技能的学习(金亚虹等，2001)，在与学生交谈过程中，学生反映在模仿标准动作过程中不仅仅是机械的模仿，还需要自我对错误指法的反思，需要分析自我错误指法的原因，这也证明了研究的科学性。这就需要给练习技能的学生一个领悟和思考时间，使得个体在技能获得的过程中真正体会到自己练习过程中的动作和活动方式的变化。

3. 岗位练习

职业教育的基本培养目标就是让学生具备熟练的专业职业技能，形成较强的适应岗位能力和一定的跨岗、跨职业能力，让学生毕业后能够根据需要具有转岗、转职业的能力，而这些职业技能的获得就需要大量的练习，人们常说“熟能生巧”指的就是反复、大量的练习对于获得精湛技能的必要性。财会专业的中文输入、点钞、电脑传票3项技能更是如此，较强的领悟能力是一方面，但苦练则是必须经历的。技能的获得没有捷径，唯有一遍遍、一次次反反复复的练习才有可能达到。

4. 主体内化

由于不同个体在技能形成过程中所具有的技能经验和知识结构不同，个体的思维方式、气质类型、能力、态度、动机等个性特征方面也存有差异使得技能的内化具有一定的个体差异性。正如在财会专业的中文输入、点钞、电脑传票3项技能学习中，同样的教师采用同样的教学方法，而不同的学生所获得技能知识的水平和技能掌握程度迥异一样，技能形成的内化过程中，要以学生已有的知识结构为基础，通过想象和实践练习，使学生已有的知识结构和当前的技能知识发生联系。同时还要充分考虑学生技能学习的动机、能力水平，因材施教，有的放矢。

二、“金手指”工程的实施

2007年，浙江金融职业学院在国家示范性高职院校建设过程中，会计系在全国率先提出了“岗证单”一体化的人才培养模式，经过多年的实践，该模式已成为高职院校会计人才培养的典范。“岗证单”一体化是指在人才培养过程中把学生的上岗定位、证书考取和订单式培养相融合，对学生的职业生涯教育、就业指导、专业学习、技能训练进行整合，做到学生毕业和上岗零过渡。

会计系“金手指”工程是第二课堂探索和实践“岗证单”一体化的人才培养模式的重要育人项目。该工程通过第二课堂的职业导航帮助学生职业定位，通过学业辅导、文化感召帮助学生获取职业发展所需的职业和技能证书，通过有效地择业指导提高毕业生订单率和择业的人职匹配度，从而促进和推动学生第一课堂的学习，实现第一、二课堂的有机融合和相互促进。“金手指”工程充分体现了行业企业对学生高素质和高技能的要求，充分体现了学院和会计系人才培养的特色，充分满足了学生对优质就业的需求，更遵循了辅导员开展思想政治教育要渗透在具体人才培养中的规律，得到行业、企业和广大师生广泛认可。

浙江金融职业学院会计系开展的“金手指”工程确立了以传承金融文化、精进职业技能为主旨，以提高技能水平、提升职业素质为己任，以造就金融精英、服务社会大众为目标的发展思路的第二课堂，来辅助学生职业技能的巩固与提升。“金手指”工程以技能集训、测试、竞技为主要内容，集训内容分为中文输入、点钞、电脑传票3项内容。该工程符合高职教育人才培养要求、充分体现了高技能人才培养特点，深得系领导支持；符合学生就业需求，能有效提升学生的动手能力，深受学生欢迎；符合思想政治教育要渗透在具体工作中的规律、能有效地帮助高职学生建立自信、提升自控力和追求卓越的职业精神，也得到社会和广大师生认可。

该工程符合金融行业需求，突出金融院校特点。浙江金融职业学院会计系培养的是面向金融行业和中小企业一线的财务人员，就业岗位对点钞、传票、中文输入等技能有较高的要求。“金手指”工程符合行业企业对学生专业技能的需求，符合学校金融文化特色，符合会计系人才培养特点，能够较好地引导学生立足专业、顺利就业、发展职业。“金手指”工程为会计系“千日成长”工程育人模式的重要载体，也是深化“三双”人才培养模式、培养高端技能型财会专业人才的举措之一。该工程以技能集训、测试、竞技为主要内容，培养一批技能竞赛型选手。在“金手指”培养过程中带动全系学生勤练技能、巧练技能，营造良好的育人氛围，增强全系学生的职业竞争力。

（一）优化选拔机制，提出育人培养理念

马克思曾说：“要改变一般人的本性，使它获得特定劳动部门的技能和技巧，成为发达的和专门的劳动力，就要有一定的教育和训练。”会计系学生工作团队全程组织开展的“金手指”工程，制订了完善、富于弹性的培养计划，多角度、全方位地进行学生技能学习的组织与管理。技能尖子的苗子选拔是十分重要的。实践反复证明，选择技能尖子要首选智力型、能力型、刻苦型的学生。技能尖子班选拔对象为一、二年级成为学院百名技能尖子的学生及技能认证成绩为“优秀”并经选拔后的学生。每人限报一项。实行学期论证考核淘汰制，采用优中选优原则。系部根据学生的实际特点提出了“心手合一，点石成金”“每天一小时，人人有专长，成就金手指”和“手指如飞，我快谁追”的培养理念和训练口号，鼓励、督促和激励同学们勤学苦练，并在“比学赶帮”中实现自我超越。“金手指”工程帮助学生树立刻苦训练技能、提高实践动手能力、发展一技之长的意识，对学生进行中文输入、点钞、电脑传票等技能项目系统训练。以技能集训、测试、竞技为主要内容，促进学生良好习惯的形成和实践水平的提高，打造金融特色和系部品牌。始终以行业最新业务需求和技能要求为导向，积极实施职业化的文化渗透、专业化的教学指导、个性化的培养策略、仿真化的实训模式、精英化的培训机制，全面提升了学生的技能水平和业务能力。

（二）实施目标管理，完善班级管理制度

系部组织训练比赛时间为每周三下午 1：00—3：45，由各班班长统一管理，辅导员老师负责对各班委的培训及考核、监督等工作；并聘请职业技能老师做顾问和指导老师，定期给予培训和指导。每周五晚上进行交流，每周测试训练后，优秀选手对全体人员进行现场辅导，纠正不正确姿势，使整体业务技能得到迅速提高。组织各种比赛，开展激励机制，通过设立技能单项奖学金、先进个人、技能标兵等激励机制，帮助学生提升技能训练的积极性与实效性。成立学生会技能部，专人负责

尖子班的管理工作。尖子班各班设班长一名,工作职责是制定一学期的训练计划及相关竞技比赛的安排,并负责班级统一协调工作;纪检委员一名,工作职责是做好考勤工作,不能参加训练必须按系部要求办理请假手续;技能委员一名,工作职责是做好每周训练的组织工作。该系为参与的每个学生制定技能训练的目标和计划:一学期课程考核达标,一学年达到学校认证水平,两学年成就技能尖子,三学年成就技能能手。每天坚持训练一小时,每周三下午集训、测试,每月开展"技能直通车"比赛,使学生每天、每周、每月都有目标。

(三)搭建有效平台,丰富技能活动载体

1. 百名技能尖子进新生教室活动

为帮助其他学生营造技能练习氛围,促进该系整体技能水平的提高,会计系开展了"百名技能尖子进教室"的活动,以此来发挥"金手指"技能尖子的作用,提高新生技能练习的积极性和高效性。指导主要以点钞为主,采取"教与学"相结合的方法,让每位同学在比学赶超中不断进步,在交流借鉴中共同提高。

2. 邀请技能突出校友回校传授经验

为了更好地提高本系百名"金手指"技能尖子的技能水平、突破技能练习的瓶颈,会计系特别邀请了学院品质校友来做经验交流。同学们就自己在练习技能过程中遇到的困惑以及如何协调自己的学习生活向学姐求答,陈施手把手现场做示范,逐个指导,现场非常活跃。

3. 成功承办学院首届"技能直通车"终极擂台赛

技能直通车"擂台赛,是会计系的一项特色活动。为了促进各系的职业技能的提升,加强各系技能交流,会计系多次承办了学院"技能直通车"终极擂台赛。"技能直通车"擂台赛主要项目分为三大项六小项,包括点钞单指、点钞多指、中文文章输入、中文单字输入、传票小写、传票大写。技能尖子班的同学不仅参与了这次比赛的组织策划工作,还积极参与了各项比赛,取得了骄人的成绩。本次比赛也充分地展现了该系技能尖子勤学苦练的务实作风和奋发努力的良好精神风貌,在全院性比赛中为该系争得了荣誉。

(四)团队有力配合,推进学生全面发展

结合辅导员工作职责,创新学生学业指导载体。高职院校人才培养的目标是培养生产、建设、服务、管理第一线的高端技能型人才,高职院校辅导员应结合人才培养目标科学设计学生学业指导载体。

1. 职业导航

辅导员团队通过职业生涯课程(2 名辅导员老师长期从事本系学生"职业生涯

规划和职业指导”课教学）、活动帮助一年级新生进行个人分析、认识和估计自己的性格特点、知识素质和能力结构，找出优势和不足，通过深入、理性、科学的分析，了解会计和银行柜员等岗位的信息以及所需的职业技能，制定符合自己兴趣与特长的职业生涯路线、职业发展目标和行动计划。

2. 学业辅导

根据专业特点，分类培养会计技能和银行柜员技能，分年级组建技能尖子班强化训练，培养“金手指”。为参与的每个学生制定技能训练的目标和计划：一学年达到学校认证水平、两学年成就技能尖子，三学年成就技能能手。通过团队合作、小组竞争、技能教师点对点辅导、行业专家现场指导等形式满足学生技能练习的实际所需。通过学校“众诚杯”技能大赛和会计系技能直通车两个大赛，“日日练，周周测，月月比”，给学生提供切磋技能、展示风采的舞台与机会，通过比赛寻找不足，总结经验，加强指导，以赛促学。辅导员团队分工负责思想引导、沟通交流，通过交流谈心，引导学生变“要我练”为“我要练”。

3. 文化感召

会计和银行柜员的技能专业课解决了学生学会技能操作的练习，而“金手指”“轻、巧、连、快、准”的高技能水平一靠勤，二靠专。会计系辅导员团队根据学生的实际特点提出了“心手合一，点石成金”“每天一小时，人人有专长，成就金手指”和“手指如飞，我快谁追”的培养理念和训练口号，鼓励、督促和激励同学们勤学苦练，并在比学赶帮中实现自我超越。定期邀请在工作岗位上的业务能手和岗位标兵做报告和现场指导，在同学们中树立可亲可敬可学的技能训练榜样，营造勤练技能、提升素养、争当精英的良好氛围。

4. 择业指导

在二年级订单班招聘前夕，在三年级就业选择前夕，会计系的辅导员根据每个学生的技能水平、技能专长和各个行业、企业尤其是银行等金融机构对技能水平的不同要求，进行有针对性的择业指导。通过简历制作大赛指导学生进行简历制作，通过模拟招聘会让学生了解就业信息、掌握应聘技巧。同时也通过多种形式向用人单位展示会计系学生良好的技能水平和综合素质。

三、“金手指”工程的成效

（一）涌现出一批技能之星

经过近一个学期的努力，三个尖子班在普遍成绩提高的基础上涌现出一批具有一定天赋并愿意继续努力的技能之星。点钞班的会计12(5)班的潘琴涯同学，院、系技能尖子，系技能尖子班优秀学员，目前点钞单指成绩为23把/10分钟。五笔班的财管12(2)班钱升块同学，院、系技能尖子，系技能尖子班优秀学员，目前五笔综合成绩135字/分钟。传票班的会计12(5)班袁佳文同学，院、系技能尖子，系技能尖子班优秀学员，目前传票小写成绩130秒/百张。他们与院技能各项纪录的成绩差距越来越小。

（二）频传技能尖子捷报

已毕业的“金手指”们在工作岗位上凭借技能特长，在职业技能大赛中脱颖而出。毕业生张译丹获宁波市银行业第三届支付结算业务技能大赛第二名，毕业两个月获得中信银行总行编制；毕业生张玲玲，在中信银行系统技能竞赛中多次斩获大奖，毕业三年就被授予“宁波市首席工人”称号；毕业生陈施，多次在中国工商银行浙江省分行技能比赛中获奖，毕业两年就获得中国工商银行“青年岗位明星”荣誉称号；毕业生洪林辉毕业一年就多次在中国邮储银行浙江省分行技能大赛中获大奖。据统计，近三年来，会计系有近百名毕业生在行业技能大赛中获得各类职业技能大奖，迅速成长为企业的业务骨干。绝大多数毕业生以其扎实的职业能力、突出的职业技能和良好的职业素养在岗位上成长为“银领”人才。

（三）优化学风和系风

在“金手指”工程的推动下，全系学生勤学苦练，第二课堂呈现了“人人有事做、人人有喜欢的事情做、人人有喜欢的正确的事做”的良好局面。一技之长增强了同学们的自信心，长期的技能训练增强了同学们的自制力，这又有效地促进了第一课堂的学习，目前会计系学风正向更优的方向迈进。每年校友返校日，毕业的“金手指”被邀请回校向学弟学妹们讲述各自毕业之后在平凡的工作岗位上做出的骄人成绩，这些都激励着更多学生勤练技能，练就“金手指”。这都有效地促进了第一课堂的学习，“金手指”工程全面引领和优化了学风。

（四）推动学生优质就业

在校“金手指”的突出表现和毕业“金手指”的频频捷报令会计系学子自豪感油然而生。“金手指”工程有力地推动了学生优质就业，近年来，会计系学生以良好职业素养和职业技能在就业市场中占得先机。在每年的订单招聘中，会计系学生特别是一大批优秀的“金手指”成为各银行订单班争抢对象，近 6 成的毕业生进入工作环境好、待遇优、发展有平台的银行一线就业，学生签约率连续四年超过 98%，超过八成实现对口就业，学生的薪资水平、工作环境名列同类院校同类专业前茅。

（五）积极发挥引领作用

“金手指”工程项目已列为学校育人品牌项目，同时，以“金手指”为主要成员的团队“一把手”技能训练营曾获得浙江省高校校园文化品牌。近年来《青年时报》《新浪网》等新闻媒体对“金手指”们进行了报道，该工程得到了行业、企业和学生的充分肯定和赞誉。作为国家首批示范性高职院校，省内外财经类高校在与学校交流过程中，纷纷学习借鉴工程开展的方法与措施，该工程在财经类高校中具有一定的推广价值和示范意义。

（六）增强辅导员工作的针对性和自豪感

当学生们个个实现了优质就业，纷纷收到用人单位的感谢信时，辅导员们感到开心与自豪，在学生那里找到了发展的力量，从学生那里体会与感悟到辅导员价值的存在意义。在帮助学生发展的同时，也促进了辅导员的成长与发展，团队成员先后获得了省、市、校级各种荣誉称号。

四、“金手指”工程的展望

“金手指”工程虽然在人才培养、学风打造、辐射引领等方面均取得了较好的成绩，但仍有进一步发展的空间，这也是该工程实施团队下一阶段的重点工作。

（一）进一步提升学业指导水平，加强团队合作

校辅导员是学生日常思想政治教育和管理工作的组织者、实施者和指导者，承担着学生思想政治教育、日常管理、学习生活指导、成长成才服务等多项职能。在高效地完成这些“规定动作”基础上创新出有高职院校特色、符合高职学生特点、体现高职院校人才培养特征的育人载体是高职院校辅导员面临的重要课题。高职教

育的目标是培养高技能人才，学业指导紧紧围绕这个目标，以多种形式为载体提升学生的职业素养，重视该工程学生个性，拓展学生素质，真正意义上帮助学生优化技能学习方法，提升技能学习动力，促进学生全面发展。帮助学生全面了解技能对学业、就业和职业发展的重要性，进而将学生的技能学习压力转化为学习动力，帮助学生建立心理上的正循环。会计系辅导员团队将不断提升自己的综合能力和水平，尤其是在日常工作中开展思想引导的能力，通过科学的方法激发学生职业技能学习和训练的能动性，进一步完善工作机制建设，深化“金手指”工程品牌，引领第二课堂人才培养方向。

（二）进一步加强沟通协作能力，完善工作平台

加强沟通协作，完善工作平台。会计系将实施“请进来，走出去”战略，聘请行业技能教师来学校现场指导，座谈交流，分批组织学生深入行业一线去观摩行业实践操作，多力量、多资源为学生提供技能提升的平台。学校聘请行业技能教师来学校现场指导，座谈交流，建立优秀技能教师专业辅导团队，利用课外时间定时进行点对点辅导。同时利用寒暑假发挥“金手指”成员的技能特长，拓展社会实践能力，带领学生进入社区进行反假币知识宣传，为社区居民讲解假币的识别技巧，进行现场点钞展示。

（三）进一步注重学生道德养成，提升职业素质

“做事”是“做人”的载体，“做人”融于“做事”之中。做人与做事看似不同，其实两者之间有着必然联系。虽说做人的过程未必全是做事的过程，但做事的过程必然是做人的过程。温家宝总理在考察大连轻工学校时指出“教、学、做不是三件事，而是一件事，在做中学才是真学，在做中教才是真教，职业教育最大的特征就是把求知、教学、做事和技能结合在一起”。学生的职业道德养成更应该如此，让学生在职业活动中自觉遵守做人的规范。结合财会专业的职业特点，会计系需要更加注重学生的职业道德教育和职业素质提升，积极组织开展职业操守学习，职业道德论坛，职业素养小故事征集等活动，加强学生爱岗敬业、诚实守信、办事公道、服务奉献等方面的教育，培养具有团队合作精神、身心健康的高素质技能型人才。

后　记

高职教育研究其实是高等教育研究领域的后生力量，若再论高职的学生管理研究特别是二级院系学生管理研究，则更是“后生中的后生”了。因此，作为编写人员，即便几经推敲、几番琢磨，仍然在视角选择、内容组合以及价值挖掘等方面感到力有未逮。不过，所幸新领域的研究虽未臻成熟之境，但在载体设计、路径选择、方法优化等方面亦存不少值得参考之处，且可在进一步研究过程中期待更多高职院校二级学生管理领域的佳作问世，以冀弥补此书之憾。

本书由方华主持、策划，张鹏超、熊秀兰、钱利安、裘晓飞、邵月花、王瑾、洪伟、莫淦青、吴慧凤、谢峰、王祝华、王琴等参与了本书的编写，吴德银负责统稿工作。浙江金融职业学院的学生工作者为本书提供了鲜活的素材和案例，浙江工商大学出版社编辑刘韵为本书出版付出了心血和劳动。本书在编写过程中参考了不少专家学者在相关领域的专著、论文，书中所列主要参考文献或欠完善，在此一并致歉与致谢！

书稿虽已成，求索仍未竟。

作　者

2015 年 9 月